交科智丛·政策类

综合交通运输标准体系构建研究

韩继国　孙小年　姜彩良　王明文　编著
田春林　汪　健　王显光

人民交通出版社股份有限公司

北　京

内容提要

本书系统总结了我国综合交通运输发展的现状和发展趋势,研究提出综合交通运输标准概念和内涵,在分析国内外综合交通运输标准现状和我国综合交通运输标准需求的基础上,基于前期研究成果,提出了综合交通运输标准体系构建的理论依据、标准体系框架及标准明细表内容,并对标准案例和实施成效进行了分析说明。

本书适合交通运输行业交通运输标准化研究和管理工作参考使用,也可作为大专院校相关专业本科生、研究生学习参考书。

图书在版编目(CIP)数据

综合交通运输标准体系构建研究 / 韩继国等编著. — 北京:人民交通出版社股份有限公司,2021.6
ISBN 978-7-114-17306-6

Ⅰ.①综⋯ Ⅱ.①韩⋯ Ⅲ.①综合运输—交通运输系统—标准体系—研究—中国 Ⅳ.①F512.4-65

中国版本图书馆 CIP 数据核字(2021)第 090421 号

交科智丛·政策类
Zonghe Jiaotong Yunshu Biaozhun Tixi Goujian Yanjiu

书　　名:	综合交通运输标准体系构建研究
著 作 者:	韩继国　孙小年　姜彩良　王明文　田春林　汪　健　王显光
责任编辑:	郭晓旭
责任校对:	孙国靖　宋佳时
责任印制:	张　凯
出版发行:	人民交通出版社股份有限公司
地　　址:	(100011)北京市朝阳区安定门外外馆斜街 3 号
网　　址:	http://www.ccpcl.com.cn
销售电话:	(010)59757973
总 经 销:	人民交通出版社股份有限公司发行部
经　　销:	各地新华书店
印　　刷:	中国电影出版社印刷厂
开　　本:	787×1092　1/16
印　　张:	9
字　　数:	147 千
版　　次:	2021 年 6 月　第 1 版
印　　次:	2021 年 6 月　第 1 次印刷
书　　号:	ISBN 978-7-114-17306-6
定　　价:	68.00 元

(有印刷、装订质量问题的图书由本公司负责调换)

《交科智丛》
编委会

主　编：石宝林

副主编：王先进　陈济丁

成　员：徐　萍　孙小年　王　辉　姜彩良
　　　　樊东方　李忠奎　欧阳斌　田春林
　　　　萧　赓　杨新征　尚赞娣　孔亚平
　　　　魏道新　陈宗伟　刘　方　耿　红
　　　　郭　瑜　张　宇　孙志超　潘新欣

《综合交通运输标准体系构建研究》
编委会

主　　编：韩继国　孙小年　姜彩良　王明文　田春林
　　　　　汪　健　王显光
主　　审：李忠奎
参编人员：郑维清　姜景玲　杨　光　刘　颖　胡铁钧
　　　　　李葆青　李　聪　武　平　杨　权　赵　昕
　　　　　孙　杨　龚露阳　刘　新　孙可朝　聂婷婷
　　　　　王　巍　闫　超　赵若希　王　嫱　周一鸣
　　　　　袁　瑜　庞清阁　任天逸　杨环宇

丛书前言
——— PREFACE ———

科技是国家强盛之基,创新是民族进步之魂。党的十九大站在全球发展和民族复兴高度,科学研判世界科技革命和产业变革走向,提出创新是引领发展的第一动力,是建设现代化经济体系的战略支撑,要加快建设创新型国家。交通运输部高度重视科技创新工作,围绕交通强国建设深化创新工作部署,明确科技创新支撑引领交通运输发展的主攻方向和目标任务,着力推进交通运输科技创新体系建设,大力推动以科技创新为核心的全面创新。

交通运输部科学研究院作为部直属科研事业单位,多年来坚持围绕中心、服务大局,取得了一大批政策研究和技术创新成果,为交通运输行业科技创新与技术进步做出了重要贡献。"交科智丛"丛书立足近年来院有关政策研究、技术研发等方面的科研成果,有计划地组织出版专著,注重专著的学术价值和应用价值,以展示科研精品、传播科学知识、培树高端人才、打造优质品牌,助力一流综合性科研院所建设,致力为交通强国建设做出新的更大贡献!

编委会
二〇一七年十二月

目　录
CONTENTS

第一章　绪论 ·· 1
　一、研究背景 ·· 1
　二、目的和意义 ··· 2
　三、我国交通运输管理体制发展历程 ·· 3
　四、目标和思路 ··· 4

第二章　综合交通运输标准体系概念内涵 ·· 6
　一、综合交通运输体系概述 ··· 6
　二、我国综合交通运输标准体系的概念与内涵 ································· 10

第三章　我国综合交通运输发展现状 ·· 13
　一、发展现状 ·· 13
　二、我国综合交通运输体系发展趋势 ·· 20
　三、推进综合交通运输体系建设的重点内容分析 ····························· 22
　四、推进综合运输体系建设对标准化的迫切要求 ····························· 23

第四章　国外综合交通运输标准现状及借鉴 ····································· 24
　一、国外标准化组织架构介绍 ·· 24
　二、内部技术委员会(TC)情况 ··· 30
　三、国外综合交通运输相关标准情况 ·· 34
　四、国外综合运输标准特点的经验借鉴 ··· 48

第五章　我国综合交通运输标准化管理及制修订现状 ························· 55
　一、我国交通运输标准化管理组织现状 ··· 55
　二、我国综合交通运输标准制修订现状 ··· 60
　三、我国综合交通运输标准化工作面临的难题 ································· 66

第六章　我国综合交通运输标准需求分析 ··· 69
　一、总体分析 ·· 69

二、近期重点需求和发展趋势分析 ·· 69
　　三、综合交通运输标准需求分析 ··· 74

第七章　我国综合交通运输标准体系框架构建 ·· 86
　　一、政策依据 ··· 86
　　二、理论依据 ··· 86
　　三、构建原则 ··· 89
　　四、标准分类 ··· 91
　　五、标准体系框架设计 ··· 91
　　六、综合交通运输标准体系明细表说明 ··· 94

第八章　综合交通运输标准制定案例及成效 ·· 97
　　一、《国内集装箱多式联运运单》标准制定案例 ···························· 97
　　二、《公路铁路并行路段设计技术规范》标准制定案例 ············· 104
　　三、综合交通运输标准实施成效 ·· 110

附件1　交通运输部关于发布《综合交通运输标准体系
　　　　（2015年）》的通知 ·· 113

附件2　综合交通运输标准明细表（2018版） ·· 115
　　一、综合交通运输标准体系结构图 ··· 115
　　二、综合交通运输标准明细表 ··· 117
　　三、标准统计表 ··· 127

参考文献 ··· 128
后记 ··· 131

第一章 绪 论

一、研究背景

随着我国交通运输事业的快速发展,各种交通运输方式发展建设已经取得巨大成就,交通基础设施网络不断完善,运输规模不断扩大,运输功能日趋合理,已经逐渐进入优化网络结构、强化设施衔接协调、提升一体化运输服务水平的综合交通运输新阶段。纵观国内外交通运输发展的过程,综合交通运输是各种交通运输方式深度融合的过程,也是交通运输发展的高级阶段和自身发展的必然要求。综合交通运输具有四个方面的特点:一是充分合理发展各种运输方式,实现统筹协调、可持续发展;二是有效发挥各种运输方式的比较优势,优化组合、集约节约利用资源;三是加强各种运输方式的有效衔接,提供连续、无缝衔接和一体化运输服务;四是综合运用信息化、智能化等先进技术,大幅提升综合交通运输服务质量和效率。

为科学发展综合交通运输体系,使各种交通运输方式深度融合、统筹协调,避免单一运输方式规划布局不平衡、综合性的运输服务和保障系统不完善等问题,需要以需求为导向,在体制机制、综合交通战略规划、政策法规、标准规范等方面加快推进。标准化工作是综合交通运输建设的重要抓手,是规范和引领综合交通运输体系建设的重要依据,对建设安全、便捷、高效、绿色、经济的综合交通运输体系具有重要的意义。

2014年以来国务院和交通运输部印发了相关政策文件要求,充分体现了国家和行业对综合交通运输标准化工作的重视程度。

2014年8月交通运输部印发了《关于加强和改进交通运输标准化工作的意

见》(交科技发〔2014〕169号)。成立综合交通运输标准化技术委员会,广泛吸纳铁路、公路、水路、民航、邮政以及城市交通等领域的管理专家和技术专家意见,协调各种运输方式间需要统一的技术、管理和服务要求,拟订相关标准。

2015年5月交通运输部发布《综合交通运输标准体系(2015年)》的通知(交办科技〔2015〕80号),提出为加强综合交通运输标准化工作,促进不同运输方式之间的有效衔接与协同发展,提高综合交通运输一体化服务水平,促进综合交通运输体系建设。

2015年《国务院办公厅关于印发国家标准化体系建设发展规划(2016—2020年)的通知》(国办发〔2015〕89号),提出推动实施标准化战略,加快完善标准化体系,提升我国标准化水平。在综合交通运输领域重点加强旅客联程运输和货物多式联运领域基础设施、转运装卸设备和运输设备的标准研制。

2017年2月国务院印发《"十三五"现代综合交通运输体系发展规划的通知》(国发〔2017〕11号),通知提出将"加快制定完善先进适用的……联程联运、综合性交通枢纽等技术标准,强化各类标准衔接,构建综合交通运输标准体系"。

2017年交通运输部和国家标准化管理委员会联合印发了《交通运输标准化体系》的通知,文件要求加强交通运输标准化体系建设,实现交通运输治理体系和治理能力现代化,构建现代综合交通运输体系。

2019年5月交通运输部发布《交通运输标准化管理办法》(交通运输部令2019年第12号),办法指出涉及铁路、公路、水路、民航、邮政两种及以上领域需要协调衔接和共同使用的技术要求,应当制定综合交通运输标准。

2019年9月中共中央、国务院印发了《交通强国建设纲要》,提出将"构建安全、便捷、高效、绿色、经济的现代化综合交通体系","构建适应交通高质量发展的标准体系,加强重点领域标准有效供给"。

2021年2月中共中央、国务院印发了《国家综合立体交通网规划纲要》,在"推进综合交通统筹融合发展"和"高质量发展"中强调要加强推动不同运输方式之间标准、数据的有效衔接,建立健全相关标准体系,加快制定综合交通枢纽、多式联运、新业态新模式等标准规范,构建符合高质量发展的标准体系。

二、目的和意义

加快推进综合交通运输标准体系是我国构建综合交通运输体系的重要技术

支撑,也是交通运输标准化工作一段时期的重点任务。研究和制定切实可行的综合交通运输标准规范,是提高交通运输综合治理能力和治理水平的需要,是加强各种交通方式基础设施有效衔接的需要,是推进综合运输服务一体化发展和综合交通运输信息资源互联互通的需要,也是提高综合交通运输公共管理水平的需要。

为落实创新、协调、绿色、开放、共享的新发展理念,使得综合交通运输体系建设有章可循、有法可依,建立、完善高质量的综合交通运输标准体系显得十分紧迫和重要,对建设综合交通运输体系具有重要的支持和保障作用,对推进多种运输方式的协调发展、高效运行、节能降耗等方面具有重要的意义。

三、我国交通运输管理体制发展历程

自新中国成立以来,我国的交通管理体制经历了多次变革。1970年曾经有过大部门制的短暂尝试,将交通部、铁道部和邮电部(邮政部分)合并为交通部革命委员会。

1988年启动了以转变职能为核心的交通运输体制改革,首次提出了综合交通运输体系职能。力图将政府经济管理部门的主要职能从直接管理转变为以间接管理为主,从微观管理转为强化宏观管理。交通部首次被赋予"围绕建设与发展综合交通运输体系,优化运输结构、协调行业内外和多种所有制运输企业的关系,推进横向联合,发展合理运输"的职责。

2008年十一届全国人大第一次会议审议通过了《关于国务院机构改革方案的决定》,围绕转变政府职能和理顺部门职责关系,探索实行职能有机统一的大部门体制。交通运输行业在此次改革过程中迈出了重要步伐,将交通部、中国民用航空总局的职责,建设部的指导城市客运的职责,整合划入交通运输部。组建国家民航局、国家邮政局,由交通运输部统一管理,形成"一部二局"的行政格局。

2013年,十八届三中全会在2008年大部制改革的基础上,走向了更加融合的体制,将铁道部撤销,重新组建国家铁路局和国家铁路总公司,将国家铁路局与交通运输部合并,组建新的交通运输部,形成"一部三局"的管理格局。厘清了与国家发展和改革委员会(以下简称"国家发展改革委")、国家海洋局等在相关职责上的关系,由交通运输部负责综合交通运输规划、政策、法律相关的职责。按照中央编办发〔2013〕133号文件《中央编办关于交通运输部有关职责和机构编制调整的通知》，明确了交通运输部负责拟订综合交通运输标准，协调衔接各种交通运输方式标准，国家铁路局、中国民用航空局、国家邮政局负责职责范围内的标准拟定工作。

自交通大部制改革以来，到2020年，国家、行业和各地在综合交通运输体系推进中不断探索实践。江苏、浙江、深圳、上海、重庆、青岛等地相继建立综合交通运输管理体制；上海虹桥枢纽、成都双流枢纽、北京南站、深圳北站等地方在综合客运枢纽建设中秉承"零换乘"理念，代表了综合客运枢纽的典范；杭州国家物流公共信息平台、传化公路港等一批信息化榜样引领着现代运输业的快速发展；连云港—阿拉山口、青岛—大陆桥沿线、渝新欧等一批多式联运示范线路的推进，代表着综合交通运输之间的无缝衔接发展理念。这一系列探索实践推动了各种运输方式基础设施之间协调发展，提高了"零换乘"、无缝衔接等一体化综合运输服务水平。

四、目标和思路

（一）研究目标

在我国大力推动综合交通运输体系建设的大背景下，以标准为切入点，着力解决当前制约我国综合交通运输体系发展的技术标准化问题。主要研究内容包括我国综合交通运输体系建设现状研究、国外综合运输及标准化建设经验及启示、我国综合交通运输标准分析与评价、我国综合交通运输标准体系需求分析、综合交通运输标准体系框架构建研究、综合交通运输标准体系具体内容的研究制定、措施与建议七个专题。在充分研究国内外综合交通运输标准化工作现状的基础上，聚焦我国综合交通运输标准需求，深入剖析综合交通运输标准体系的定义及内涵，在系统论的基础上研究构建综合交通运输标准体系框架，分类提出具体的综合交通运输标准以及标准制修订重点方向，为推进综合交通运输标准化工作提供决策支持。

（二）研究思路

综合运输标准体系研究的思路可以概括为"分析问题、梳理需求、构建体系"三个步骤：分析问题旨在分析目前我国推进综合交通运输体系建设及标准化工作的现状分析;梳理需求主要是从推进综合交通运输体系建设的目标出发,从标准化角度总结综合交通运输标准体系建设的需求;构建体系则是在问题和需求的前提下,界定好综合交通运输标准体系的概念、组成,并提出具体标准。

由于综合交通运输涉及的专业领域较宽,在具体研究过程中,通过广泛的实地调研、交流座谈、专家咨询等形式,搜集和分析当前标准体系中与综合运输相关的标准以及综合交通运输各领域(规划、设计、建设、运营)对相关技术标准的需求,研究制定标准体系表。其具体技术路线图如图1-1所示。

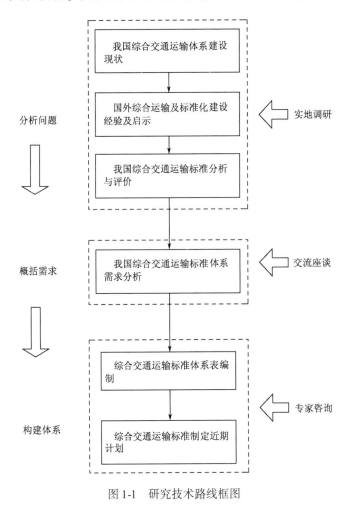

图1-1 研究技术路线框图

第二章 综合交通运输标准体系概念内涵

本章从综合交通运输的概念和范围入手,系统阐述综合交通运输的内涵、特征等内容。结合我国综合交通运输体系发展现状,提出了综合交通发展存在的问题。根据新时期发展的形式与要求,给出了我国综合交通运输体系的发展趋势、发展目标和重点任务,为下一步明确综合交通运输标准体系奠定基础。

一、综合交通运输体系概述

(一)相关概念发展

曾经在我国政府文件、学术研究报告中出现过与"综合交通运输体系"相关的多种名词和概念,如"综合交通体系""综合运输体系"等,容易导致概念的混淆和使用的不便。因此,综合交通运输体系的名词概念需要统一规范,综合考虑认为采用"综合交通运输体系"表述更为确切。主要理由如下:

近年来,国家正式文件多采用"综合交通运输体系"的表述方式,保持名词概念表述的延续性更为适宜。在国民经济和社会发展的"十二五"规划中,提出了"构建综合交通运输体系",国务院于2012年发布了《"十二五"综合交通运输体系规划》,近几年交通运输部在各种正式会议上,也基本统一了称呼,表述为"综合交通运输体系"。在此之前,1987年党的"十三大"报告第一次采用"综合运输体系"的表述,"八五"计划到"十一五"规划及以后,均采用"综合运输体系"的表述。

"综合运输体系"不能反映综合交通运输体系的全面内容。"交通"和"运输"含义有所不同。"交通"通常是指运输工具在基础设施网络上的运行情况,而"运输"是指人和货物的位移,概念的研究对象和内容有一定差异。单用"交通"或者单用"运输",都不能反映出"综合交通运输体系"的完整意思。促进综合交通运输体系发展的根本目的是解决人和货物运输问题,运输仅是其中的一部分内容。"综合交通体系"更加侧重在交通流和运载工具的运行,"综合运输体系"更侧重运输组织与服务等方面内容,无法替代"综合交通运输体系"。

(二) 综合交通运输的概念形成

认识来源于实践。作为一种发展理念,综合交通运输概念的形成与演变与人类社会交通运输的实践密切相关,反映了交通运输从单一运输模式独自发展向多种运输方式协调发展的必然要求,是人们对各种交通运输方式各展所长、共同发展的一种理想期望。

综合交通运输的思想由来已久。在1887年,美国在有关法律中就规定,要充分认识并保护每种运输方式的内在优势。到20世纪80—90年代,随着各种运输方式的竞相发展,促进不同运输方式的优势互补成为一项重要的任务,综合交通运输开始引起各国政府的重视。美国在《1940年运输条例》中明确提出,国家运输政策的目的,应该保持水路、公路和铁路及其他运输方式协调、健康发展,并最终形成统一的国家运输体系。1962年,肯尼迪总统在国情咨文《美国的运输系统》中使用了"综合交通运输"(Comprehensive Transport)一词。20世纪90年代,布什总统签署的《1991年综合地面运输效率法案》(1991 Intermodal Surface Transportation Efficient Act)使用了"Intermodal Transportation"一词,要求促进运输行为和活动的联合与协作。近年来,综合交通运输方面的研究中也大量出现"Integrated Transport""Multimodal Transportation"等词,强调不同运输方式的无缝隙衔接和提供全过程、完整的运输服务。

苏联在《各种运输方式的协作与运输发展》中也提出要根据运输方式合理运距来确定方式间合理分工、促进不同方式间的分流运输及运输过程的相互衔接与配合等。

我国最初的"综合交通运输"概念是20世纪50年代从苏联引入的,在引入初期带有较为浓厚的计划经济色彩,侧重于强调政府统一对运输资源进行运量分配、安排运输线路、划分投资比重等。但是,由于长期以来,受运输生产力水平低下、各种运输方式供给短缺严重及体制分割等因素影响,综合交通运输的实质性发展较为缓慢,只是作为交通运输的总体发展目标予以明确。直到1987年,在党的"十三大"上确定了"发展以综合交通运输体系为主轴的交通业"的发展方针。到了20世纪90年代,借鉴发达国家的理念和实践经验,我国不断推进综合交通运输体系的研究和建设,尤其是2008年的交通大部门体制改革以来,更加注重考虑综合交通运输的总体目标以及各种运输方式之间的衔接,由各运输方式独立发展转向协调整合发展。

(三)综合交通运输的本质内涵

所谓的综合交通运输体系,主要指多种运输方式优势互补、协调发展、相互配套、紧密衔接形成的一体化系统。综合交通运输作为一种发展理念、发展方式及其实践活动,它从属于交通运输,但又不完全等同于一般意义上的交通运输,是属于更高层次的交通运输。交通运输始终追求以最小的社会资源消耗、最低的运输成本、最大限度地满足经济社会的运输需求。而通过发展综合交通运输则能有效地实现这一目的。从这个角度讲,综合交通运输是实现现代交通运输高效发展的基本途径。

关于综合交通运输的内涵,不同的学者有不同的表述,代表性的观点主要有以下几种:

国家计划委员会综合交通运输研究所杨洪年研究员(1990)认为,综合交通运输体系是在运输生产和建设组织管理过程中,将各种运输方式相互协作、有机结合、布局合理处理以及连接贯通从而形成的一种交通运输综合体。它有三个主要内容,即联合运输组织、综合交通运输网的规划以及运输技术政策。

西南交通大学高家驹教授(1993)认为,综合交通运输体系是各种运输方式在社会化的运输范围内和统一的运输过程中,按其技术经济特点组成进行有机结合、分工协作、连接贯通、布局合理等一系列工作之后形成的一种交通运输综合体。

国家发展改革委综合交通运输研究所罗仁坚研究员(2004)认为,综合交通运输体系是各种运输方式分工协作与优势互补的重要体现,它通过采用现代先进技术,在物理上和逻辑上实现一体化,它是适应于一个国家或地区的经济地理要求的交通运输系统的总称。

北京交通大学荣朝和教授(2013)认为,综合交通运输体系是围绕连接性和一体化核心的一系列功能与服务、技术装备与标准、基础设施、组织与市场结构以及体制与政策的圈层构架,这些圈层之间紧密联系、相互支撑、共同高效地满足现代社会经济的一体化和可持续运输的需求。

综合交通运输体系建立和形成的前提是:各种运输方式内部要素的充分、协调和配套发展。从服务于经济社会发展需求的视角来认识综合交通运输,有以下几方面的基本内涵:

一是从运输方式本身来看,各种运输方式充分发展、优势互补、有机衔接、协调发展;二是从社会发展角度,综合交通运输实现用户效用和社会效率的最大化;三是从自然环境的角度,综合交通运输能够最有效地利用资源,实现与环境、资源的最佳利用和共生发展。

(四)综合交通运输发展的基本特征

对于综合交通运输的认识,既可以从纵向历史的视角来观察其概念的形成与发展,以发现与单一运输方式的区别和特征;也可以从综合交通运输发展的本身,理性解析其发展的目标、路径和模式。结合前文对概念和内涵的认识,总结综合交通运输发展的基本特征即从当下的视角来认识综合交通运输。

1. 以降低成本、提高效率为目标导向

综合交通运输的发展始终贯穿的是成本与效率最优这一主线。在合理利用与发展各种运输方式的基础上,有效降低经济成本、时间成本,集约节约利用社会资源,实现用户效用和社会效率的最大化。

2. 以强调系统结构优化为发展路径

综合交通运输是交通运输系统与其外部环境之间、交通运输系统内各组成部分之间形成的一体化协调发展状态。综合交通运输是在单一运输方式的基础上强调系统结构优化发展的高级阶段,是交通运输发展的新阶段。

3. 以可持续发展为发展模式

综合交通运输发展应当以实现可持续发展为准则,包括经济、社会和资源环境的可持续。综合交通运输的发展首先要讲求经济效益,符合经济与财务的可持续性要求。同时,要考虑社会公平,以多层次、多样化的服务方式,满足社会公众特别是弱势群体的出行需要。此外,要实现交通运输与资源、环境的协调发展。

二、我国综合交通运输标准体系的概念与内涵

(一)综合交通运输标准体系概念的提出

通过对综合交通运输体系的特点和内涵的分析研究,综合交通运输体系是各种运输方式协调发展,充分发挥比较优势和组合效应,实现连续、无缝衔接的一体化运输服务,大幅提升交通运输服务质量和效率。建设和完善我国综合交通运输体系可分为基础设施、运输服务、运输装备和支持保障四个方面,又可以细分为综合客货枢纽、复合通道交叉设施、旅客联运等14种具体类型,逐步建成先进适用的综合交通运输体系。综合交通运输体系各层次组成内容结构图如图2-1所示。

结合对综合交通运输标准体系的组成内容和现实需求分析,研究认为综合交通运输标准体系是指**两种及以上交通运输方式衔接协调和共同使用的标准**。该标准体系涉及铁路、公路、水路、民航运输方式和邮政、城市交通、物流等交叉领域的标准,考虑综合交通运输的特点和建设综合运输体系的重点任务,重点在基础设施建设、运输服务、运输装备和支持保障等方面开展研究与制定工作。

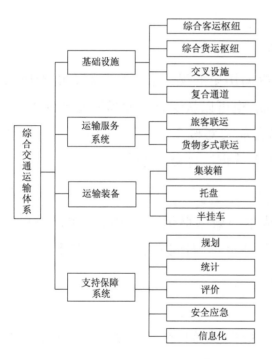

图2-1 综合交通运输体系组成结构图

(二)综合交通运输标准体系组成内容分类

根据标准体系分类的基本理论,按涉及内容和领域,可将综合交通运输标准划分为七个类型,即基础标准、服务标准、工程设施标准、安全应急标准、信息化标

准、统计评价标准和运输装备产品标准,本书研究的综合交通运输标准适用范围为国家标准和行业标准,不包括团体标准和企业标准。

该标准体系范围涵盖铁路、公路、水路、民航运输方式和邮政、城市交通、物流等交叉领域的标准,不包括各运输方式单独使用的标准。具体专业划分为:基础设施部分的综合客运枢纽、综合货运枢纽、复合通道与交叉设施的标准,运输装备部分的集装箱、托盘、半挂车的标准,运输服务部分的旅客联程联运和货物多式联运的标准,支持保障部分的统计、评价、安全应急和信息化的标准。相应的各层次标准包括的标准专业类型详见综合交通运输标准体系专业划分表(表2-1)。

综合交通运输标准体系专业划分表　　表2-1

序号	综合交通运输体系组成部分	专业划分(具体类型)		综合交通运输标准性质分类			
				基础标准	服务标准	建设标准	产品标准
1	基础设施	综合客运枢纽	公铁组合型枢纽	√	√	√	
			公铁航组合型枢纽	√	√	√	
			公水组合型枢纽	√	√	√	
			公航组合型枢纽	√	√	√	
			铁航水组合型枢纽	√	√	√	
			城市综合客运枢纽	√	√	√	
		综合货运枢纽	公铁组合型枢纽	√	√	√	
			公水组合型枢纽	√	√	√	
			公航组合型枢纽	√	√	√	
			铁水组合型枢纽	√	√	√	
			公铁水组合型枢纽	√	√	√	
		复合通道(路线、桥隧)	公铁两用桥	√		√	
			公铁组合隧道	√		√	
			公铁并行路段	√		√	
		交叉设施	公铁立交设施	√		√	
			公铁平交设施	√		√	
			管线与公、铁交叉设施	√		√	

续上表

序号	综合交通运输体系组成部分	专业划分(具体类型)		综合交通运输标准性质分类			
				基础标准	服务标准	建设标准	产品标准
2	运输服务	旅客联运	公铁联运	√	√		
			空铁联运	√	√		
			公空联运	√	√		
			空水联运	√	√		
			公铁空联运	√	√		
			公水联运	√	√		
			公空水联运	√	√		
		货物多式联运	公铁联运	√	√		
			铁水联运	√	√		
			公水联运	√	√		
			公铁水联运	√	√		
			海空联运	√	√		
			江海联运	√	√		
			空陆联运	√	√		
			公水滚装运输	√	√		
			铁水滚装运输	√	√		
			公铁驮背运输	√	√		
3	运输装备	运载单元		√			√
		专用载运工具		√			√
		快速转运设备		√			√
		换乘换装设备		√			√
4	支持保障	统计		√	√		
		评价		√	√		
		安全应急		√	√		
		信息化		√	√		

第三章　我国综合交通运输发展现状

本章从基础设施和运输服务两大领域来综述我国综合交通运输的现状,针对综合交通运输标准化需求的重点内容,分析旅客联运、货物多式联运等关键环节的发展情况,并对我国综合交通运输发展的趋势进行预判,为科学制定适合我国综合交通运输体系建设的标准体系框架组成和重点内容打下基础。

一、发展现状

(一)基础设施网络化基本实现

综合交通基础设施基本实现网络化。经过多年的发展,多节点、网格状、全覆盖的综合交通运输网络已经初步形成,"十三五"规划的综合运输大通道基本贯通。

由于我们最初是在2014—2017年开展的综合交通运输标准体系的研究,基于当初综合交通运输体系建设状况的分析,得出了初步的研究成果。在2015年底时,我国的铁路营业总里程达12.1万km,居世界第二,高速铁路里程达1.9万km,居当时的世界第一,高速铁路成为"中国创造""中国制造"和"走出去"的新名片;我国高速公路里程达12.4万km,居当时的世界第一;初步建成干支衔接的水运网,沿海港口整体处于世界较先进水平,内河航道通航里程达12.7万km,居当时的世界第一,生产性码头泊位3.13万个,其中万吨级及以上泊位2221个。邮政总体实现"乡乡设所、村村通邮",快递年业务量居世界第一。

到2019年底,全国铁路营业里程达到13.9万km,其中高速铁路营业里程超过3.5万km,居世界第一;全国公路里程达到501.3万km,其中高速公路里程15万km,居世界第一;拥有生产性码头泊位2.3万个,其中万吨级及以上泊位数量2520个;内河航道通航里程12.7万km;民用航空颁证运输机场238个;全国油气长输管道总里程达到15.6万km,互联互通程度明显加强;邮路和快递服务网络总长度(单程)4085.9万km,实现乡乡设所、村村通邮。综合立体交通网络初步形成,有力支撑了经济社会持续快速健康发展。

2020年,高速铁路营业里程、高速公路里程、内河航道通航里程、万吨级泊位数量继续保持世界第一,中国民航运输规模连续15年稳居世界第二位。铁路、公路、水路、民航客货周转量及港口货物吞吐量稳居世界前列。港珠澳大桥、北京大兴国际机场等超级工程建成投用。国内具备条件的乡镇和建制村已经实现100%通硬化路和客车,100%建制村通邮。快递业务量年均增速超过30%,快递业务的总量和快递业务的增速连续5年稳居世界第一。

"十三五"时期是交通运输基础设施发展、服务水平提高和转型发展的黄金时期,多种运输方式之间的基础设施向着互联互通、一体化方向发展,在"大"的基础上又向"强"迈进了一大步、在"有"的基础上向"好"迈进了一大步、在"基本适应"的基础上向"适度超前"迈进了一大步。

(二)综合运输服务提质增效

2019年,完成营业性客运量176.04亿人,比上年下降1.9%,完成旅客周转量35349.06亿人公里,增长3.3%;完成营业性货运量462.24亿吨,增长4.8%,完成货物周转量194044.56亿吨公里,增长3.4%。

货物运输服务保障能力不断提升。创新发展公铁联运、空铁联运、铁水联运、江海联运、水水中转、滚装联运等高效运输的多式联运组织模式。铁路运量占社会运输总量比例不断提升,"公转铁"运输结构优化调整取得突出成效。港口货物吞吐量和集装箱吞吐量均居世界第一。快递业务量保持强劲增长态势,连续6年位居世界第一。运输服务能力大幅提升,推进物流降本增效取得积极成效,促进了物流业转型升级。

旅客运输专业化、个性化服务品质不断提升。出行体验更加方便、快捷、舒适、温暖。以道路运输为基础,高速铁路、民航为长距离、快速运输方式的出行服务体系更加完善,整个客运结构持续优化,中长距离客流逐步从公路转向高速铁路和民航。截至 2019 年底,动车组列车累计发送旅客 120 亿人次,占铁路旅客发送量的比重由 2007 年的 4.5% 增长到 65.4%。

城市公共交通持续优先发展。大力加强城市轨道交通建设,截至 2019 年底,全国共有 40 个城市开通运营城市轨道交通线路,运营里程达 6172.2km,城市轨道交通的骨干作用日益凸显,城市轨道交通与铁路客运、长途客运、航空出行等换乘问题越来越显得重要。

基本公共服务均等化水平不断提升。公路客运普及和农村物流发展有力促进了城乡一体化,截至 2019 年底,已开展 52 个城乡交通运输一体化示范县建设,城乡客运发展水平不断提高。

交通运输新业态新模式不断涌现。"互联网+"交通运输正在深刻改变着人们的出行方式。截至 2019 年底,网约车覆盖全国 400 多个城市,平台日均使用量达到 2000 万人次。共享单车有效解决了出行"最后一公里"难题,日均使用量约 4570 万人次。货运物流融入"互联网+"进程加快,推动了货运物流组织方式创新,"高速铁路网+互联网"双网融合取得突出成效,2019 年,12306 互联网售票系统售票超过 35.7 亿张;电子客票基本实现全覆盖;截至 2019 年底,超过 98% 的二级以上汽车客运站提供省域联网售票服务。

(三)旅客联运服务初见效果

旅客联程运输是通过对旅客出行搭乘不同运输方式的行程进行统筹规划和一体化运输组织,实现旅客便捷、舒适、高效出行的运输组织模式。2017 年 12 月,交通运输部联合六部委局印发了《关于加快推进旅客联程运输发展的指导意见》(交运发〔2017〕215 号),该文件是国内第一份旅客联程运输领域的专项政策文件,对我国旅客联程运输长期健康发展具有重要的引领性、指导性意义和作用。自 2017 年以来,旅客联运系列行业标准《旅客联运术语》《旅客联程联运服务质量要求》《旅客联程联运服务流程规范》《综合交通电子客票信息系统互联互通技术规范》等相继发布,填补了旅客联程运输领域标准的空白,逐步完善了标准体系,有效促进了我国旅客联程运输规范有序发展。

目前,旅客联运主要包括空铁联运、空巴联运、公铁联运、空海联运、一站式购票、行李直挂运输、安检互认等一系列的联运产品和配套支撑服务。

1. 空铁联运

截至 2020 年底,全国除港澳台地区外,具备开展航空与铁路联运条件的机场有北京大兴、上海虹桥、石家庄正定等 16 个,详见表 3-1。全国除港澳台外,在 31 个省会城市和 5 个计划单列市的 38 个机场中,其中 19 个机场连接了城市轨道交通、磁浮列车线路,分别是北京(首都/大兴)、天津、上海(虹桥/浦东)、重庆、南京、郑州、武汉、长沙、广州、成都、昆明、西安、呼和浩特、乌鲁木齐、大连、宁波、深圳。这些都为开展空铁联运服务提供了较好的基础条件。

全国空铁联运基础条件较好的机场   表 3-1

序号	机场名称	衔接铁路	衔接模式
1	北京大兴国际机场	京雄城际铁路	站楼一体化
2	上海虹桥国际机场	京沪高速铁路	GTC 模式
3	石家庄正定国际机场	京广高速铁路	接驳模式
4	太原武宿国际机场	客运专线	接驳模式
5	长春龙嘉国际机场	长吉城际铁路	分离模式
6	郑州新郑国际机场	郑州城际铁路	GTC 模式
7	武汉天河国际机场	汉孝城际铁路	GTC 模式
8	海口美兰国际机场	海南环岛高速铁路	分离模式
9	成都双流国际机场	成绵乐城际铁路	接驳模式
10	贵阳龙洞堡国际机场	市域快速铁路	分离模式
11	兰州中川国际机场	兰中城际铁路	分离模式
12	呼和浩特白塔国际机场	呼张高速铁路	接驳模式
13	银川河东国际机场	银兰高速铁路	接驳模式
14	吐鲁番交河机场	兰新高速铁路	接驳模式
15	三亚凤凰国际机场	环岛高速铁路	分离模式
16	揭阳潮汕国际机场	梅汕高速铁路	分离模式

注:GTC 为地面交通中心的英文缩写。

2. 空巴联运

公路航空联运按照主导运营主体不同,分为机场主导型和航空公司/道路客运企业主导型。全国范围来看,上海、南京、杭州、广州、福州、重庆、西安、北京等主要发达地区城市的枢纽机场的机场大巴线路数量和覆盖范围均明显优于其他地区。全国 36 个主要城市机场巴士线路数量达到 661 个,为空巴联运提供了条件。

3. 公铁联运

公路和铁路是我国两大主干运输方式,公铁联运是我国服务范围最广、服务人数最多的一种旅客联程运输方式。经初步统计,目前全国 31 个省会城市和 5 个计划单列市共计 63 个铁路站在 1km 范围配建了公路客运站,约占所有铁路站数量的 77%,公铁联运的基础设施条件整体较好。调查显示,选择火车和大巴联程出行的旅客占比近 60%,这说明公铁联运的低成本、安全性、便捷性获得较高的认可度。

旅客换乘所需时间是评价综合客运枢纽便捷性的重要指标。从交通运输部科学研究院 2020 年发布的《中国旅客联程运输发展报告》中可以看出,空巴联运平均换乘时间为 8min;公铁联运平均换乘时间月 10min;但是,最重要的空铁联运指标,除了上海虹桥、北京大兴、石家庄正定、成都双流、长春龙嘉、海口美兰、贵阳龙洞堡、兰州中川、银川河东等国际机场枢纽外,其余城市的空铁换乘距离较长,总体平均换乘时间达到 80min,可见,为保证旅客出行的安全性、便捷性,还有很多工作要做。

(四)货物多式联运示范成效显著

货物多式联运是依托两种及以上运输方式有效衔接,提供全程一体化组织的货物运输服务,具有产业链条长、资源利用率高、综合效益好等特点,对推动物流业降本增效和交通运输绿色低碳发展、完善现代综合交通运输体系具有积极意义。近年来国家开始重视并支持多式联运发展。2011 年,原铁道部与交通运输部签署了《关于共同推进铁水联运发展合作协议》,共同下发了《关于加快铁水联运发展的指导意见》,启动了连云港—阿拉山口、青岛—大陆桥沿线等 6 条集装箱铁水联运示范线,为铁水联运发展奠定了坚实基础。2014 年 9 月,国务院发布的《物流业发展中长期规划(2014—2020 年)》将多式联运列为 12 大重点工程之首。2015 年 7 月,交通运输部、国家发展改革委联合发布了《关于开展多式联运示范工程的通知》,提出先期开展 15 个多式联运示范工程建设。2017 年 1 月,交通运输部等 18 个部门联合发布了《关于进一步鼓励开展多式联运工作的通知》,首次从国家层面明确多式联运战略定位,我国多式联运发展呈现良好的发展势头,表现在以下几方面。

1. 多式联运运量快速增长

随着"三大战略"的深入实施,纵横贯通、对接国际的物流大通道建设步伐加快,沿海港口和内陆地区积极发展多式联运业务,特别是铁水联运和中欧班列快速增长。铁水联运方面,2019 年全国港口集装箱铁水联运总量约 516 万 TEU,同比增长 14.6%,近五年我国集装箱铁水联运量平均增速达到 27.6%,保持快速增长。中欧班列方面,2011 年以来,中欧班列相继开通了渝新欧、蓉新欧、郑新欧、汉新欧等线路,国内段主要由"三个通道""五个口岸"构成。2019年中欧班列开行8225列,同比增长29%,中欧班列开行数量创新高。目前中欧班列已累计开行超过20000列。

2. 多种联运组织模式不断创新

目前我国多式联运组织模式不断创新,公铁、铁水、江海、空陆等联运模式不断得到推广。例如公铁联运方面,郑州铁路局积极发展门到门公铁联运服务,目前全局130个货运站中有93个车站与100余家社会物流企业签订了合作协议,办理门到门运输业务。铁水联运方面,宁波—舟山港联合中国铁路上海局开通了北仑港站至绍兴"铁水联运双层集装箱班列",2019年宁波—舟山港铁水联运集装箱量达到80.9万TEU。江海联运方面,武汉港开通了武汉至上海洋山的江海直达航线,宁波—舟山港着力推进江海联运服务中心建设,2019年宁波—舟山港江海联运量占长江干线江海联运货运量的20%以上。空陆联运方面,以郑州为例,以郑州机场为中心的卡车航班辐射北京、天津、上海、西安、重庆、太原、石家庄、武汉等多个城市,机场货邮吞吐量快速增长,全年完成货邮吞吐量52.2万t,保持中部第一。

3. 多式联运市场主体加快成长

截至2019年底,交通运输部联合发展改革委开展了共三批70个多式联运示范项目,覆盖公铁、铁水、国际铁路联运等联运方式,港口企业、铁路企业成为多式联运主体实施企业。多式联运市场主体加快成长,通过控股、参股的形式成立多式联运业务型公司。2017年6月,东航物流引进德邦物流、联想控股等企业完成混改,整合资源推动空陆联运业务。2019年5月,中铁特货运输有限责任公司与东风汽车、北京汽车、京东物流等6家企业合资成立中铁特货物流股份有限公司。2019年11月,上海国际港务(集团)股份有限公司与中远海运集装箱运输有限公司、中铁国际多式联运有限公司、上海新上铁实业发展集团有限公司合资成立上海港铁水联运有限公司,共同推进上海港多式联运发展。

4. 信息资源互联应用逐步加快

以联运服务为主的物流信息平台(系统)逐步增多。各地、各市场主体积极探索完善多式联运运输组织信息协同新模式,推动具有多式联运功能的信息平台建设。如成都国际陆港通过电子数据交换(EDI)平台集成四个系统,初步实现了铁路、海关、场站等多式联运全链条的数据共享,可及时获取货物在途信息、作业状态信息。连云港率先开发并成功上线了集装箱海铁联运物联网应用系统,是我国首个与铁路实现全面数据交换的港口,基本实现了班列集装箱在途信息的动态跟踪和查询,请车、装卸车作业的电子化等一体化多式联运信息服务。

国家多式联运信息平台有序推进。全国多式联运公共信息系统铁水联运模块已经上线试运行,涵盖全球90%海运集装箱船期信息和船舶实时位置数据,实现全国范围500余万辆12t以上货车实时位置数据查询。信息平台建成后,将实现交通运输、海关、检验—检疫等部门间信息开放共享,推动外贸集装箱货物在途、舱单、运单、装卸等铁水联运物流信息交换共享,提供通关查验、全程追踪、实时查询、信息评价等服务。

5. 多式联运设施设备加快发展

综合货运枢纽建设加快推进。据统计,全国运营、在建和规划的多式联运枢纽项目已经达到600多个,成为当地物流中转和组织的重要设施平台。强化不同主体间作业衔接和优化内部布局,拓展服务功能,推动货物一体化服务和快速转运,如成都国际铁路港进一步优化空间布局,深化资源统筹,实现保税功能区、卡口、中心站三位一体,实现集装箱物流园区与中心站和保税区的无缝对接。

装备技术水平不断提升。冷藏箱、挂衣箱、开顶箱以及铁路平车、港内转运系统、汽车转运架等不断创新研制和推广应用。如大连港依托创新研发的铁路专用车体和汽车转运架,打造商品汽车铁水联运新模式。为推进集装箱运输,中铁联集先后研发了35t敞顶集装箱和1.5t小型箱,满足矿石等散堆装货物和零散白货"门到门"运输需求。

(五)存在问题分析

1. 综合交通运输体系中各种运输方式发展不平衡

我国正处于工业化、城镇化快速发展时期,原材料、煤炭、粮食等大宗货物的运输需求旺盛。由于铁路、水运等适合大宗、低值货物的运输方式发展相对点多面广的公路运输滞后,大量本应由铁路、水运等运输的货物由公路承担,从而造成了公路运输的拥堵、超载治理屡禁不止等问题。从某种程度上来说,我国目前综合交通运输体系的发展的不平衡、不完善是造成部分公路拥堵、超载运输的客观原因,这也是开展"公转铁"结构调整的背景。

2. 各种运输方式间的相互衔接、有机配合还不够

由于管理体制和发展理念的原因,各种运输方式还需要加强综合规划和分工

协作,在通道资源的充分利用、综合客运枢纽的建设、多式联运、旅客联运、信息共享等方面还有待深入研究和实践应用,交通一体化水平还不高。海铁联运比例还远低于欧美国家的平均水平,物流信息化水平还有待大幅提高。旅客联运服务受到体制机制的制约,很难在综合客运枢纽内部顺利实施,安检互认、行李直挂等制约性条件短时间内难以实现,严重影响旅客联运服务的水平和质量。

3. 综合交通运输服务能力有待进一步提高

旅客出行换乘问题越来越受到关注,部分城市的综合客运枢纽缺乏科学规划和统筹布局,存在换乘难、堵点多的现象,影响了城市内外交通顺畅衔接和公众便捷换乘。物流的"最后一公里"问题、城市交通拥堵问题日趋严重,已由一线城市向二、三线城市蔓延,而且部分城市拥堵向常态化、大范围化发展。重点路段、重点时段的运输保障能力成为交通顺畅的瓶颈,比如节假日、恶劣天气、重点内河航段等。此外,交通的安全管控措施也有待进一步完善,网约车、共享单车等新业态服务模式也需要进一步规范和管理。

4. 交通运输的管理体制、标准制度有待进一步完善

2008年和2013年两次大部制改革,从国家层面看,我国的综合交通运输管理体制已经基本到位,但是综合交通运输的相关运行机制还处在磨合、调整阶段。综合交通运输法律、标准、政策等方面需要进一步优化完善、整合协调;各地方交通管理体制的改革进度不一,与部层面的衔接还有待进一步落实。

二、我国综合交通运输体系发展趋势

(一)客运便捷出行、旅客联程联运

随着科学技术的发展,人类社会不断地改进交通工具,改善运输系统,以此来推进交通运输适应高效和快捷的运输需求。旅客对运输需求已不再仅仅是数量上的满足,对改善旅行条件、缩短旅途时间、提高服务水平等质量方面的需求与日俱增。以高速化为重点,安全、舒适、便捷的运输服务将是以后综合交通运输的发展方向之一。

随着人民生活水平的不断改善以及城镇化的快速发展,交通运输作为主要满足人和物位移的数量要求的重要性相对下降,而在服务质量方面的要求更为严

格。旅客对旅行服务逐步追求品位化、差异化,一方面要求方便、快捷、及时、准确,另一方面要求更安全、舒适。此外,旅客对出行的时间观念也在不断转变,在选择出行交通方式时,不仅局限在所乘坐的交通工具时间最短,更要求从出发地到目的地整个行程时间最短、最舒适,因此,旅客对出行过程中的服务要求更高。综合交通运输体系的大运量,能满足多样化的需求,提供高效率和高水平的服务的特点,在我国建设综合交通运输体系提供旅客联程联运服务成为今后客运行业发展的必然趋势。

(二)货运无缝衔接、货物多式联运

物流产业的发展,使货运业在现代经济社会中的基础性作用发生变化,货运业将融入整个物流系统之中,最突出的特点就是综合性,它把生产、经营、销售与流通等环节综合起来,进行全面的、系统的管理,其目的是注重货物运输的总体效率和效益。因此,未来货运业的发展,总量增长有限,但货运质量、效率、服务将全面提高。

从货运未来发展趋势来看,多式联运这种新的运输组织形式将在综合交通运输体系中发挥越来越重要的作用。从运输发展史的角度看,各种运输方式既存在平等自由的竞争关系,也存在必要的合作关系,使之在运输系统中充分发挥自己的优势。多式联运就是在充分考虑各种运输方式优点以及综合交通运输系统需要的前提下,利用各种运输方式的相互合作关系,使运输费用减至最低,为产品提供时间效用和地点效用。预计在"十四五"期间,铁路运输形势将发生重大变化,由于客运专线的投入运行和铁路双层集装箱列车的开行,既有铁路的货物运输能力将出现较大释放,使适应于多式联运的综合交通运输基础设施系统发生较大改观,从而为多式联运的发展创造良好环境。由于产业结构调整和升级效应,未来的货物运输结构中重化工业产品比重将逐渐减少,货物运输呈现新特点,轻质化、高附加值货物比重不断提高,快递需求大幅度增加,这些都对运输结构调整、运输服务配置提出了新的要求。

(三)互联互通、国际合作

随着经济全球化发展和国家"一带一路"倡议的推进实施,双边多边和区域次区域交通运输合作进一步深化,交通行业对外投资规模持续扩大,交通运输装、技术、标准将成为我国对外交往的重要领域,交通运输"走出去"步伐进一步加快、范围逐步拓展,国际化发展态势显著。

(四)深化改革、制度创新

"十四五"时期,随着我国经济社会发展进入"新阶段",交通运输发展将更多依靠加快供给侧结构性调整,深化管理体制及投融资体制改革,加快推进法制和标准建设等制度创新和现代信息技术深度应用、运输组织优化等技术和管理创新,确保我国综合交通运输体系建设的高质量发展。

三、推进综合交通运输体系建设的重点内容分析

(一)构建一流的综合交通基础设施网络

统筹各种运输方式发展,加快综合运输通道建设,大力推进铁路、内河水运等薄弱环节建设,不断优化综合交通网结构,着力加强各种运输方式的有效衔接,加强综合交通枢纽建设,基本建成布局合理、功能完善、衔接顺畅、便捷高效的基础设施网,总体达到国际先进水平。

(二)打造综合运输服务升级版

以推进一体化运输为着力点,通过深化改革、加强各种运输方式协作和竞合、融合,着力优化运输结构、创新组织模式、强化信息化支撑、激发市场活力,努力打造引动互联网时代综合运输服务升级版。

(三)提升综合交通运输装备水平

引导运输装备水平提升,加快发展多式联运装备,加快标准化、集装化运载单元和托盘的推广应用;全面推进货运车型标准化,主导并推动货运车辆行业主要标准规范的制修订工作,促进各项标准规范的衔接、协调、配套、整合;加快专业运输装备技术升级,完善铁路动车组、大飞机等研发技术,鼓励发展厢式、冷藏、城市配送等专业运输车辆。

(四)强化综合交通运输支持保障能力

加快科技研发和创新能力建设,推进交通运输信息化建设;推广资源集约节约利用,推进交通节能减排,强化基础设施生态保护和污染综合防治;加强交通安全监管体系建设,加强交通运输应急体系建设。

加强法律法规建设,提高行政执法能力;强化标准体系建设,创新标准管理体制机制,完善标准技术体系,推动标准国际化。

四、推进综合运输体系建设对标准化的迫切要求

综合交通运输体系建设要求提高交通行业治理能力和治理水平。党的十九届四中全会提出要推进国家治理体系和治理能力现代化,进一步强调要转变政府职能。李克强总理明确要求:"能通过技术标准、规范等其他管理手段或措施解决的,不得设定行政许可。"按照国务院要求,交通运输部相继取消和下放部分行政审批项目。在此背景下,更加需要发挥标准规范引导、监督的作用,使标准化工作成为完善交通运输行业治理体系和治理能力的基础。

综合交通运输体系建设要求以标准化促进多种运输方式的协调衔接。当前我国交通运输已经进入了各种运输方式融合交汇、协调衔接、统筹发展的新阶段。标准是统筹多种运输方式协同发展的重要抓手,通过开展综合交通运输标准的前期研究、制修订和实施工作,能够协调各种运输方式间需要统一的技术、管理和服务要求,加快铁路、公路、水路、民航、邮政等各种运输方式深度融合,实现各种运输方式从分散、独立发展转向一体化、集约化发展,发挥高速铁路、公路、民航在客运方面的技术经济比较优势,充分释放铁路、水运在大宗物资运输上的潜能,推进信息化技术特别是"大数据"与交通运输全领域、全过程的深度融合,构建网络设施配套衔接、技术装备先进适用、运输服务安全高效的综合交通运输系统,为人民群众便捷出行和生产生活物资高效运输提供更加可靠的交通运输保障。

建设完善综合交通运输体系,需要与之配套的标准体系的技术支撑。通过对国内外综合交通运输体系和现状问题的分析,特别是国内外综合交通运输标准化的现状的分析评价,我国目前综合交通运输标准体系还不健全,很多综合运输标准还分散在相关标准化技术委员会之中,为使综合交通运输标准体系成为构建我国综合运输体系的有效技术支持,达到标准体系的系统化、规范化、科学化,以便统一管理、统一协调,从综合交通运输的长远发展来看,需要构建国家、行业和地方层面的综合交通运输标准体系,针对特殊地区还可以研究制定区域标准体系,促进区域交通一体化的发展。重点关注综合运输系统科学发展的基础设施(综合客货运枢纽、复合通道及交叉设施)、运输服务(旅客联程联运、货物多式联运)、支持保障系统(安全应急、信息化、评价监督)等关键环节,开展标准需求的系统梳理、分析研究。

第四章 国外综合交通运输标准现状及借鉴

一、国外标准化组织架构介绍

(一)国际标准化组织(ISO)

1. 简介

国际标准化组织(International Organization for Standardization,ISO)于1947年2月23日正式成立,总部设在瑞士日内瓦。如今ISO是一个世界上最大的、最具权威的非政府国际标准化组织,由91个成员国和173个学术委员会组成。其成员由来自世界上117个国家和地区的国家标准化团体组成,担负着制定全球协商一致的国际标准的任务,范围包括组织制定综合运输标准化工作。ISO的任务是促进全球范围内的标准化工作及其有关活动,以便于国际产品与服务的交流以及在知识、科学、技术和经济活动中发展国际的相互合作。它显示了强大的生命力,吸引了越来越多的国家参与其活动。

2. 组织架构

ISO的组织架构包括全体大会、政策制定委员会、理事会、ISO中央秘书处、理事会常设委员会、特别咨询组、技术管理局、标准样品委员会、技术咨询组、技术委员会(若干)等,如图4-1所示。

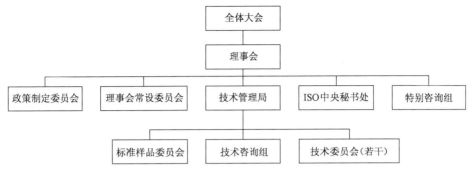

图 4-1 国际标准化组织(ISO)组织架构图

(二)欧洲标准化委员会(CEN)

1. 简介

欧洲标准化委员会(Comité Européen de Normalisation, CEN),成立于 1961 年,总部设在比利时布鲁塞尔。它属于国际上的区域性标准化组织,是以西欧国家为主体、由国家标准化机构组成的非营利性国际标准化科学技术机构,是欧洲三大标准化机构之一[三大标准化机构:欧洲标准化委员会(CEN)、欧洲电工标准化委员会(CENELEC)及欧洲电信标准协会(ETSI)]。

CEN 的宗旨在于促进成员国之间的标准化协作,制定本地区需要的欧洲标准(EN,除电工行业以外)和协调文件(HD),CEN 与 CENELEC 和 ETSI 一起组成信息技术指导委员会(ITSTC),在信息领域的互联开放系统(OSI)制定功能标准。

2. 组织架构

1992 年以前,CEN 成员仅限于欧共体和欧洲自由贸易联盟的 18 个成员国。1992 年 7 月,CEN 全体大会决定 CEN 适度地向其他国家和组织开放,但在会员权利和义务上仍有所限制。截至 1998 年底,CEN 共有成员 44 个,其中:正式成员 19 个;观察成员 14 个;协作成员 6 个;通信成员 5 个。正式成员包括欧盟 12 个成员国、欧洲自由贸易联盟 6 个成员国以及捷克的国家标准化机构;观察成员包括中、东欧国家的国家标准化机构。

CEN 由全体大会、管理委员会、技术管理局、行业技术管理局、规划委员会、认证中心、技术委员会和认证委员会组成。除技术委员会和认证委员会外,均由中央秘书处直接管理。CEN 的组织架构如图 4-2 所示。

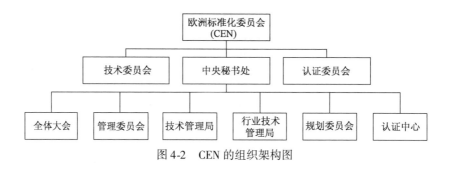

图 4-2 CEN 的组织架构图

(三)主要发达国家标准化组织

1. 德国标准化协会(DIN)

1)简介

德国标准化协会(German Standardization Institute,DIN)是非营利性民间机构。DIN 成立于 1917 年,总部设在柏林。1975 年,德国政府和 DIN 签署了标准协议,从而确定了 DIN 标准的法律参考依据地位。通过该协议,DIN 成为德国主管全国标准化活动的机构,并作为团体成员代表德国参加欧盟及国际标准化组织的活动。

2)组织架构

DIN 是欧洲最大的国家标准制定机构,代表德国参加 ISO/CEN 的活动。目前,DIN 下设 4 个技术部门:第 1 个部门负责精密工程、光学、食品原料、环境、卫生和安全工程等领域;第 2 个部门负责建筑、水利安装、造船与航海技术以及空间技术等领域;第 3 个部门负责材料测试、基础技术、机械和信息技术等领域;第 4 个部门是电子工程部。DIN 的组织架构如图 4-3 所示。

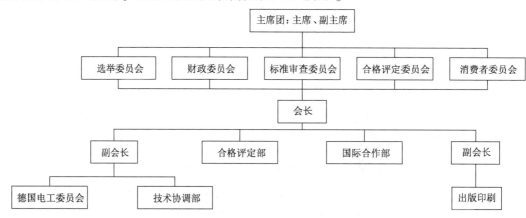

图 4-3 DIN 的组织架构图

2. 加拿大标准理事会(SCC)

1)简介

加拿大标准理事会(Standards Council of Canada,SCC)成立于1970年,其宗旨是提高标准化的效率。SCC 现有员工约80人,分为标准部门、合格评定部门、政府间事务与贸易部门、行政部门(包括财政与信息管理)、公司服务部门等五个部门。SCC 是 ISO 成员体、国际电工委员会(International Electro technical Commission,IEC)全权成员。

加拿大标准理事会负责协调加拿大的标准化活动,包括发布加拿大国家标准。虽然 SCC 得到政府的部分资金,但它独立于政府。理事会理事由 SCC 提名、政府任命,共15人,其中1人代表联邦政府,1人由 SCC 内部产生,另外的13人在 SCC 设立的8个顾问委员会中产生。

2)组织架构

SCC 的组织架构如图4-4所示。

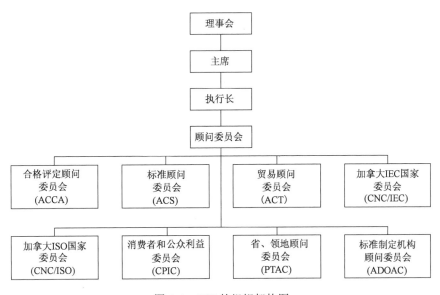

图4-4 SCC 的组织架构图

3. 美国标准协会(ANSI)

1)简介

美国国家标准协会(American National Standards Institute,ANSI)是美国自愿性标准活动的协调机构和美国国家标准认可机构,成立于1918年,总部位于华盛顿。作为一个非营利性的组织,ANSI 以美国协调者的身份服务于美国的自愿一致性标准和合格性评定体系。ANSI 的使命是通过促进和推广自愿一致性标准和合格性评定体系,维护其完整性,来提高美国企业在全球的竞争力。

ANSI 的职责为:促进美国有关标准和合格评定方面的政策和立场;协调美国标准战略的制定和修改;对标准制定组织进行认可;向社会发布美国国家标准;对合格评定机构进行认可;提供标准和合格评定解决方案。在国际上,ANSI 是美国在国际、地区和双边标准化活动和合格评定论坛上的官方代表,代表美国参与国际标准化组织(ISO)、国际电工委员会(IEC)、太平洋地区标准大会(PASC)、泛美标准委员会(COPANT)和包括欧洲标准化组织(ESO)在内相关组织的标准化活动。

2) 组织架构

ANSI 的组织架构如图 4-5 所示。

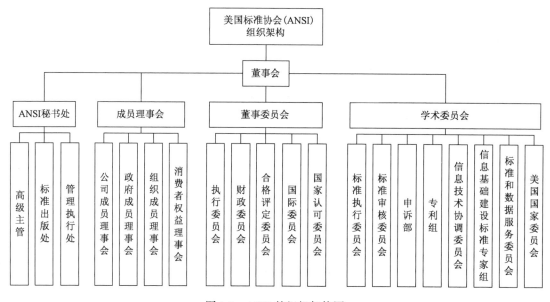

图 4-5　ANSI 的组织架构图

4. 日本工业标准委员会(JISC)

1) 简介

日本工业标准委员会(Japanese Industrial Standards Committee, JISC)成立于 1946 年,总部位于日本东京,2001 年之前,JISC 是隶属于日本通商产业省工业技术院(AIST)的标准部,现在是日本经济产业省产业技术环境局附属机构。

JISC 的主要职责是:制定和维护日本国家标准;参加国际标准化活动。

2) 组织架构

JISC 委员会下设标准理事会和合格评定理事会:JISC 委员会制定和规划 JISC

职能事宜;理事会由技术委员会组成,负责日本国家标准工作。根据工作需要,JISC 委员会可成立特别委员会,就具体工作开展调查和审议。目前,JISC 委员会下设两个特别委员会,分别为计量标准与智能基础结构特别委员会和消费者政策特别委员会。JISC 的组织架构图如图 4-6 所示。

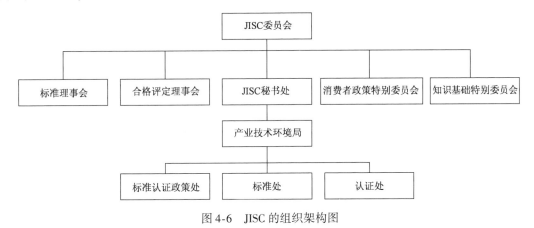

图 4-6　JISC 的组织架构图

5. 韩国技术标准署(KATS)

1)简介

韩国技术标准署(Korea Agency for Technology and Standards,KATS)是知识经济部下属的韩国国家标准化机构,负责韩国国家标准工作,同时,KATS 代表韩国参加 ISO、IEC、太平洋地区标准大会(PASC)等国际和区域性标准化组织,并发挥着重要作用。

KATS 始建于 1883 年,最初为典圜局的分析研究所,负责货币铸造和金属矿物的分析、加工、冶炼业务。KATS 曾是工业振兴厅的所属机构,主要负责工业品的技术开发和试验、分析、鉴定等业务;1996 年成为中小企业厅的下属机构,并增加了负责工业基准和质量安全的功能;1999 年,KATS 变更为产业资源部的下属机构后,成为名副其实的国家标准代表机构,主管国家工业标准(KS)、工业品的安全管理和质量管理、工业品的法定计量和测定、新技术和新产品的技术评价和认证等业务。2006 年,为了加强标准和产品的安全政策功能,KATS 进行了改组。2008 年,根据新政府精简实用型的机构改组要求,KATS 改组为知识经济部下属的具有 4 个局、22 个处的高效率机构。

2)组织架构

目前,KATS 内设有技术标准政策局、产品安全政策局、知识产业标准局和标准技术基础 4 个局,具体架构如图 4-7 所示。

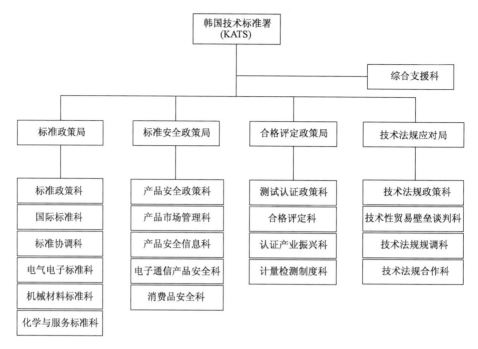

图 4-7　KATS 的组织架构图

二、内部技术委员会(TC)情况

(一)国际标准化组织(ISO)

国际标准化组织 ISO 主要是按照运输方式的类别设立相应的标准化技术委员会(Technical Committees),开展标准制定工作,如:智能交通系统技术委员会(TC 204 Intelligent transport systems)、道路车辆技术委员会(TC 22 Road vehicles)、道路交通安全管理系统技术委员会(TC 241 Road traffic safety management systems)、船舶和海洋技术委员会(TC 8 Ships and marine technology)、货物集装箱运输的技术委员会(TC 104 Fright containers)等。涉及综合运输的标准化技术委员会有:

1. 智能交通系统技术委员会(TC 204 Intelligent transport systems)

该标准化技术委员会的第九工作组"综合运输信息、管理及控制"(WG 9 Integrated transport information, management and control)为负责综合运输信息、管理及控制方面的标准化工作。

2. 船舶和海洋技术委员会(TC 8 Ships and marine technology)

该标准化技术委员会的第十一分技术委员会"多式联运和短途海洋运输"(SC 11 Intermodal and short sea shipping)负责多式联运和短途海洋运输方面的标准化工作。

3. 货运集装箱技术委员会(TC 104 Freight containers)

该标准化技术委员会下设3个分技术委员会,分别为:SC 1,通用集装箱(General purpose containers);SC 2,特种用途集装箱(Special purpose containers);SC 4,识别和通信(Identification and communication)。

(二)欧盟标准化委员会(CEN)

CEN是基于不同运输方式设立技术委员会,进行相关标准的制定,如:内河航运船舶技术委员会(CEN/TC 15 Inland navigation vessels)、铁路应用技术委员会(CEN/TC 256 Railway application)、道路车辆技术委员会(CEN/TC 301 Road vehicles)等。与综合运输领域相关的标准化技术委员会有如下。

1. 可交换货箱技术委员会(CEN/TC 119 Swap bodies for combined goods transport)

主要负责欧盟内部多式联运装载单元标准化的工作,包括可交换箱在不同运输方式之间转换操作性以及货物运输安全要求和测试方法的标准规定。

2. 智能交通系统技术委员会(CEN/TC 278 Intelligent transport systems)

主要负责综合运输领域的远程信息处理标准化工作。

3. 危险品运输箱技术委员会(CEN/TC 296 Tanks for the transport of dangerous goods)

主要负责综合运输领域的容量超过450L的危险货物金属容器的设计、建造、检验和测试的标准化工作。

4. 运输—物流与服务技术委员会(CEN/TC 320 Transport-Logistics and service)

主要负责综合运输领域的旅客运输和货物运输的活动和服务标准化工作。

(三)美国、日本标准化组织

1. 美国

美国采用的是分散型的标准化管理模式,没有一个居于垄断地位的标准制定机构。长期以来,美国推行的是民间优先的标准制定政策。联邦政府只是授权 ANSI 协调分散的标准化体系及众多的标准化团体,其在交通运输领域标准的制定组织主要为美国公路和运输官员协会(American Association of State Highway and Transportation Officials,AASHTO)和美国公共交通协会(American Public Transportation Association,APTA)。

1)美国公路和运输官员协会(AASHTO)

作为全美代表五种运输方式(航空、公路、公共交通、铁路、水路)的非营利中立机构,其针对这五种运输方式分别设立了常务委员会,并且制定相应的标准。除公路委员会、水运交通委员会外,与综合运输标准相关联的委员会有:

(1)公共交通标准委员会(SCOPT)。

公共交通标准委员会(Standing Committee on Public Transportation,SCOPT)是美国国家公路和运输官员协会(AASHTO)的 11 个常设委员会之一,负责提升公共交通在交通系统中的作用,并提供公共交通的专业知识,制定所有形式的与客运公共交通服务有关的立法、政策和方案建议,包括农村、城市、区域和城际公共汽车、旅游需求管理和通勤铁路。其主要目标是:参与公共交通有关的国家政策研究;推进公共交通在综合交通系统中的作用;促进研究和开发教育资源以支持公共交通提供者;为国家的公共交通项目提供世界级的技术援助和支持等。

(2)铁路委员会(Rail Council)。

铁路委员会利用国家政策,研究铁路运输的监管、安全、运营和投资问题,促进发展高效的国家货运和客运铁路系统。该委员会是 AASHTO 货运网络多式联运和经济扩张专门委员会的铁路运输方式牵头机构。理事会成员包括所有 52 个 AASHTO 参与运输的部门。

(3)多式联运和经济扩张的专门委员会(SCITEE)。

美国公路和运输官员协会 AASHTO 还成立一个名为多式联运和经济扩张的专门委员会(Special Committee on Intermodal Transportation and Economic Expansion,SCITEE),以研究多式联运和货运与经济的关系问题,制定相关标准,解决影响货运多式联运的政策、经济、计划问题等,如图 4-8 所示。

2)美国公共交通协会(APTA)

美国公共交通协会(American Public Transportation Association,APTA)是由美国交通部、美国国土安全局、加拿大交通部、加拿大城市交通协会及国际电气与电子工程师学会等组织机构认定的标准制定与监管委员会,主要负责城市交通运营安全标准化工作,涵盖城市公交、铁路、枢纽设施安全、信息化、安全应急、交通环保等诸多领域。

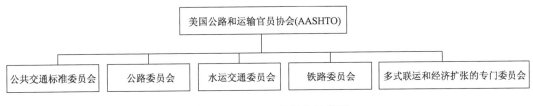

图 4-8　AASHTO 的架构示意图

2. 日本

日本标准化组织核心是官方性质的日本工业标准化委员会(Japanese Industrial Standards Committee,JISC)。作为日本产经省的下设机构,JISC 负责日本国家标准即日本工业标准 JIS(Japan Industrial Standards)的调查和审议工作,并且代表日本参与 ISO 标准的制定。日本标准分为国家级标准、行业协会(团体)标准、企业标准。在日本标准体系中,国家级标准是主体,包括 JIS、JAS 和日本医药标准,其中 JIS 最为权威。行业协会有数百个专业团体受 JISC 委托,承担 JIS 标准的研究和起草工作,主要职责是协助 JISC 工作,而专业团体自身的标准并不多。除了团体标准化活动外,企业内部的标准化活动也很活跃,有技术经济实力的大型企业、公司根据自己的产品情况制定公司或企业标准。日本标准化体制的特点是,政府在标准化活动中扮演着重要的角色,而且日本标准化体制充分发挥专业团体的作用,即在发挥政府主导作用的同时又能够保证发布的标准符合行业发展要求。

JISC 具体的标准制定工作是由下设的专业技术委员会完成的。目前,在交通运输领域,JISC 设立了道路车辆(Road Vehicles)、航空航天器(Aircraft and Space Vehicles)、铁路和机车技术委员会(Railways and Rolling Stock)等数个技术委员会。同时,JISC 下设的物流技术委员会(Distribution of Goods)也与交通运输领域的标准化工作有着非常紧密的联系,详见图 4-9。

图 4-9　JISC 的组成架构图

三、国外综合交通运输相关标准情况

(一)综合运输服务标准

欧盟标准化委员会在1999年和2001年召开的"多式联运和协作运输研讨会"上分别就货物运输和旅客运输中的运输服务标准问题进行了研讨,将运输服务标准的制定工作委托给"运输—物流与服务技术委员会"(CEN/TC320 Transport-Logistics and Services),并且设置了数个标准制定工作组。第1工作组负责将EN ISO 9000质量管理体系标准应用到运输和物流行业中;第2和第5工作组分别负责制定货物运输和旅客运输中的运营服务标准;第3工作组负责危险品运输的质量和安全标准,包括货物装卸、搬运和在途过程中的安全;第8工作组负责制定货运枢纽的绩效标准。

截至2019年,国际上重要标准制定组织发布的关于综合交通运输客、货运服务的标准具体情况如下。

1.客运服务标准

国外关于公共客运服务的标准,主要集中在客运服务质量评价,包括乘客满意度、服务设施完善、交通场所清洁度等方面,并对公共客运与铁路旅客运输服务进行规范,进行统一的服务质量定义,并制定铁路客运与城市公交客运的通用服务满意度评价标准。

2002年,欧盟标准化委员会(CEN)及德国标准化学会(DE-DIN)率先发布关于公共客运服务质量评价的相关标准,名为 Transportation-Logistics and Services-Public Passenger Transport-Definition, Positioning and Measurement of Service Quality(《交通运输—物流与服务—公共客运—服务质量定义、定位与评价》),该标准规定了确定和衡量公共客运(PPT)服务质量的要求,并为相关测量方法的选择提供指导。

2006年,欧盟标准化委员会(CEN)、英国标准协会(GB-BSI)、德国标准化学会(DE-DIN)以及法国标准化协会(FR-AFNOR)又相继发布 Public passenger transport-Basic requirements and recommendations for systems that measure delivered service quality(《公共客运-评价公共客运服务质量的系统的基本要求和建议》),该标准规定了城市公共客运以及铁路运输服务的一些服务质量标准。综合交通运输客运服务标准详见表4-1。

客运服务标准　　　　　　表 4-1

序号	英文标准名称	中文标准名称	标准号	发布组织	类别
1	Public passenger transport-Basic requirements and recommendations for systems that measure delivered service quality	公共乘客运输.评价公共客运服务质量系统的基本要求和建议	EN 15140—2006 BS EN 15140—2006 DIN EN 15140—2006 NF X50-811—2006	欧盟标准化委员会（CEN） 英国标准协会（GB-BSI） 德国标准化学会（DE-DIN） 法国标准化协会（FR-AFNOR）	客运服务质量
2	Transportation-Logistics and Services-Public Passenger Transport-Definition, Positioning and Measurement of Service Quality	交通运输.物流与服务.公共客运.服务质量定义.目标与评价	EN 13816:2002 DIN EN 13816—2002	欧盟标准化委员会 德国标准化学会（DE-DIN）	客运服务质量

注：本章涉及的相关标准均来自国际标准化组织（ISO）官网、欧盟标准委员会（CEN）官网以及中国知网标准数据库（下同）。

2. 货运服务标准

国外的综合交通运输货运服务标准多集中在物流服务方面，与客运服务标准相似，同样很重视服务质量评价，尤其集中在运输服务的可靠性以及安全质量管理等方面。同时会对货物运输服务过程中的仓储分销以及货物包装等方面做出一系列标准要求。

2002年，欧盟标准化委员会发布了Transportation-Logistics and Services-Cargo Transportation Chain-Code of Practice for Freight Services（《交通运输.物流与服务.货物运输链.货运服务实务导则》），该标准提出了货物运输过程中货运服务的服务守则，汇总了不同运输方式运输过程中通用的货物包装要求和运输服务要求。

2005年，欧盟标准化委员会（CEN）、英国标准协会（GB-BSI）、德国标准化学会（DE-DIN）以及法国标准化协会（FR-AFNOR）均发布了对于EN ISO 9001—2000标准的指导性说明：Transportation services-Guidance notes on the application of EN ISO 9001:2000 to the road transportation, storage, distribution and railway goods industries（《运输服务　道路运输、储藏、配送和铁路货物工业应用　EN ISO 9001—2000标准的指导性说明》），该标准为EN ISO 9001质量管理体系的应用提供了细化的指导说明，规定了公路和铁路物流服务中与仓储及分销等相关的标准以及库存控制、设备管理等规范。详见表4-2。

货运服务标准 表4-2

序号	英文标准名称	中文标准名称	标准号	发布组织	类别
1	Transportation services-Guidance notes on the application of EN ISO 9001:2000 to the road transportation, storage, distribution and railway goods industries	运输服务 道路运输、储藏、配送和铁路货物工业应用EN ISO 9001—2000标准的指导性说明	EN 12507—2005 BSI EN 12507—2005 NF X50-801—2005 DIN EN 12507—2005	欧盟标准化委员会(CEN) 英国标准协会(GB-BSI) 法国标准化协会(FR-AFNOR) 德国标准化学会(DE-DIN)	物流、仓储
2	Transportation-Logistics and Services-Cargo Transportation Chain-Code of Practice for Freight Services	交通运输.物流与服务.货物运输链.货运服务实务导则	EN 13876:2002	欧盟标准化委员会(CEN)	物流、仓储

(二)综合运输装备及产品标准

国外非常重视多式联运装备及产品的相关标准,涉及的领域也相对较广,例如转运设备标准、换装设备标准、运输设备标准、称量设备标准以及设备配件标准等。按照标准性质划分,又可以分为产品设计标准和操作使用规范两大类。

1. 转运设备标准

国际标准化组织(ISO)1993年发布关于多式联运过程中转运托盘的相关规范:Air and air/land cargo pallets; specification and testing(《用于空运及地面运输的托盘规范和试验》),该标准规定了用于货轮式高容量固定翼飞机兼容陆地货物的集装箱托盘标准,有利于提高多式联运货物在不同运输方式间转运时的兼容性。

2005年,德国标准化学会(DE-DIN)发布Technique of transshipment in the transportation chain-Defrosting/antifreeze protection for hopper wagons(《运输链中转运技术.自动倾卸车的除霜/防冻保护》),该标准规定了多式联运货物转运过程中使用到的自动倾卸车的除霜和防冻保护措施及规范。该标准为货物转运设备明确了设计规范及使用指南,促进了货物在转运过程中的设备兼容性。

2. 换装设备标准

对于国际上综合交通运输换装设备的标准,本书主要集中对多式联运过程中使用到的特种集装箱进行列举,例如:滚筒式集装箱、可交换箱式集装箱。

早在1994年,德国标准化学会(DE-DIN)便发布了Roller containers for the transport on road and rail(《公路和轨道运输用滚筒式集装箱》),规定了滚筒式集装箱的装料及卸料技术标准以及废弃物车辆的安全使用规范。

随后,欧洲标准化委员会(CEN)先后在 1997 年和 2005 年发布关于可交换箱的标准(可称为可拆卸货箱),分别是 Swap bodies-Swap tanks-Dimensions, requirements, test methods, operation conditions(《可交换箱. 换装容器. 尺寸、要求、试验方法和运营环境》)以及 Swap bodies for combined transport-Stackable swap bodies type A 1371-Dimensions, design requirements and testing(《多式联运可交换箱. 能叠起堆放的可交换箱集装箱类型 A-1371-尺寸、设计要求和试验》)。前者详细规定了用于国内及国际多式联运中的可交换箱的尺寸、设计标准、等级、实验方法和操作要求,后者则对可叠放的 A-1371-尺寸可交换箱的设计标准、使用要求进行了进一步规定。

这些换装设备广泛用于多式联运,包括公路运输、铁路运输、海上运输及内河运输等多种运输方式,可以有效减少货物换装过程中因货箱尺寸规格不同或人员操作不当造成的问题,从而提高换装效率,促进多式联运发展。

3. 载运工具标准

国际上对于综合交通运输载运工具的标准多集中在特种设备领域,例如多式联运散装货运输车及公铁两用车等。

1993 年,德国标准化学会(DE-DIN)率先发布 Transportation chain; technique of transshipment in the transportation chain; assignment of bulk freights and bulk freight wagons(《运输链. 多式联运过程中的转运技术. 散装货物和散装货运输车的类别》),标准规定了多式联运转运货物过程中散装货物的转运技术及相关散装货车的类别。

2010 年,英国标准协会(GB-BSI)及法国标准化协会(FR-AFNOR)同时发布了 Railway applications-Track-Road-rail machines and associated equipment-Part 1: technical requirements for running and working(《铁路应用设施. 钢轨. 公路铁路两用车及相关设备. 第 1 部分:运行和作业的技术要求》),该标准规定了公铁两用车的运行和作业相关技术要求以及施工要求。

4. 其他标准

其他标准包括一些显示设备标准、称量设备标准、配件设备等标准,涉及范围较广,主要围绕综合运输过程中涉及的一些辅助设备制定标准。值得一提的是,对比其他标准可以看出,欧洲对于设备配件的相关标准提出较早。早在 20 世纪后期,便开始着重整合不同交通运输方式设备的配件标准,例如德国标准化学会

（DE-DIN）在1975年便规定了用于铁路及道路运输的集装箱连接件的配件尺寸标准；1980年又提出了铁路车辆与道路车辆共用的夹紧链的设计、材料以及尺寸等相关标准；1987年，英国标准协会（GB-BSI）规定了公路和铁路运输过程中用到的油罐车软管及软管组件规范；1995年，法国标准化协会（FR-AFNOR）发布了道路车辆运用于海运时，在货轮上的捆绑和紧固装置涉及的相关设计及试验规范。由此可见，欧洲部分国家虽然未明确提出综合交通运输的概念，但是对于各种交通运输方式衔接的相关标准的研究制定早于国际化标准组织。具体标准情况见表4-3。

多式联运装备及产品标准 表4-3

序号	英文标准名称	中文标准名称	标准号	发布组织	类别
1	Air and air/land cargo pallets; specification and testing	用于空运及地面运输的托盘规范和试验	ISO 4117—1993	国际标准化组织（ISO）	转运设备
2	Freight containers-Air/surface (intermodal) general purpose containers-Specification and tests	货运集装箱.航空/陆地运输(多式联运)通用集装箱.规范和测验	ISO 8323：1985	国际标准化组织（ISO）	运载单元
3	Roller containers for the transport on road and rail	公路和轨道运输用滚筒式集装箱	DIN 30722-4—1994	德国标准化学会（DIN）	换装设备
4	Swap bodies-Swap tanks-Dimensions, requirements, test methods, operation conditions	可脱卸交换罐箱的尺寸、要求、测试方法和操作条件	EN 1432：1997	欧盟标准化委员会（CEN）	运载单元
5	Swap bodies for combined transport-Stackable swap bodies type A 1371-Dimensions, design requirements and testing	多式联运可交换箱货箱.能叠起堆放的可交换箱货箱类型A-1371-尺寸、设计要求和试验	CEN/TS 14993：2005	欧盟标准化委员会（CEN）	运载单元
6	Railway applications-Track-Road-rail machines and associated equipment-Part 1：technical requirements for running and working	铁路应用设施.钢轨.公路铁路两用车及相关设备：第1部分：运行和作业的技术要求	BS EN 15746-1—2010 + A1—2011 NF F58-020-1—2010	英国标准协会（GB-BSI）/法国标准化协会（FR-AFNOR）	转运设备
7	Specification for road and rail tanker hoses and hose assemblies for petroleum products, including aviation fuels	公路和铁路运输石油产品(包括航空燃油)油罐车软管及软管组件规范	BS 3492—1987	英国标准协会（GB-BSI）	转运设备
8	Lashing and securing arrangements on road vehicles for sea transportation on ships. General requirements. Part 2: semi-trailers	海运道路车辆的捆绑和紧固装置.一般要求.第2部分：半挂车	NF R19-110-2—1995	法国标准化协会（FR-AFNOR）	载运工具

续上表

序号	英文标准名称	中文标准名称	标准号	发布组织	类别
9	Swap bodies-Swap bodies of Class A-Dimensions and general requirements	A类交换箱的尺寸和一般要求	EN 452	欧盟标准化委员会（CEN）	运载单元
10	Swap bodies-Thermal swap bodies of Class C-Dimensions and general requirements	C类热插拔交换箱的尺寸和一般要求	EN 12406	欧盟标准化委员会（CEN）	运载单元
11	Swap bodies-Thermal swap bodies of Class A-Dimensions and general requirements	A类热插拔交换箱的尺寸和一般要求	EN 12410	欧盟标准化委员会（CEN）	运载单元
12	Swap bodies for combined transport-Stackable swap bodies type C 745-S16-Dimensions, design requirements and testing	C745-S16型可堆叠组合运输交换箱的尺寸、设计要求和测试	CEN/TS 13853	欧盟标准化委员会（CEN）	运载单元
13	Swap bodies-Testing	交换箱的试验	EN 283	欧盟标准化委员会（CEN）	运载单元
14	Swap bodies-Non-stackable swap bodies of class C-Dimensions and general requirements	C类不可堆叠交换箱的尺寸和一般要求	EN 284	欧盟标准化委员会（CEN）	运载单元
15	Intermodal loading units and commercial vehicles-Tarpaulins-Part 1: Minimum requirements	多式联运装载单元和商用车辆.篷布.第1部分:最低要求	EN 12641-1	欧盟标准化委员会（CEN）	运载单元
16	Intermodal loading units and commercial vehicles-Tarpaulins-Part 2: Minimum requirements for curtainsiders	多式联运装载单元和商用车辆.篷布.第2部分:幕帘的最低要求	EN 12641-2	欧盟标准化委员会（CEN）	运载单元
17	Lashing and securing arrangements on road vehicles for sea transportation on Ro/ro ships-General requirements-Part 1: Commercial vehicles and combinations of vehicles, semitrailers excluded	滚装船海上运输用道路车辆的绑扎和固定装置的一般要求.第1部分:商用车辆和车辆组合、半挂车除外	EN 29367-1	欧盟标准化委员会（CEN）	换装设备
18	Lashing and securing arrangements on road vehicles for sea transportation on Ro/Ro ships-General requirements-Part 2: Semitrailers	滚装船海上运输用道路车辆的绑扎和固定装置的一般要求.第2部分:厢式半挂车	EN 29367-2	欧盟标准化委员会（CEN）	换装设备

续上表

序号	英文标准名称	中文标准名称	标准号	发布组织	类别
19	Road vehicles for combined transport-Semitrailer-Vertical transhipment	多式联运厢式半挂车的垂直转运	EN 16973	欧盟标准化委员会（CEN）	运载单元
20	Swap bodies-Swap bodies of Class A-Dimensions and general requirements	A类交换箱的尺寸和一般要求	EN 452	欧盟标准化委员会（CEN）	运载单元

（三）枢纽场站等基础设施标准

欧盟委员会2004年发布的"在欧盟范围内实现旅客多式联程运输"的课题研究报告认为，客运枢纽作为实现旅客多式联程运输的关键性因素，其标准化工作是该领域的研究重点。但是综合客运枢纽涉及较多的运营主体和管理机构，而且相互之间存在利益冲突，难以达成统一共识，可操作性较弱。导致CEN至今尚未成立客运标准化工作组开展综合客运枢纽相关的标准制定工作。

欧盟虽然没有制定统一的综合客运枢纽相关技术标准，但是部分国家的综合客运枢纽的管理还是十分健全，如德国的柏林中央火车站和法兰克福机场枢纽，他们都有较为成熟的旅客运输组织经验，而且具有较为方便的旅客换乘通道、齐全的无障碍设施和行人诱导标识。

目前欧盟综合货运枢纽标准的制定工作主要是依托CEN的运输-物流与服务技术委员会（CEN/TC 320 Transport-Logistics and Services）的第八个工作组（货运枢纽工作组 WG8-Freight Terminals）。该工作组以实现不同运输方式、设施、设备以及合作方之间的协同，服务和产品采购的自由化，高水平的服务质量为目标，主要从货运枢纽的规划设计、建设实施和运营服务三个方面展开标准制定工作。

货运场站枢纽标准制定主要集中在多运输方式共用的特种货物装卸场站设计及管理方面。以法国为例，该国标准化组织对于多运输方式共用的交通货运场站的标准主要集中在铁路车辆和道路罐车共用装卸车站方面。1979年，法国标准化协会（FR-AFNOR）发布一系列常设型货物装卸车站的标准，标准规定了用于装卸液态化学品、增压液化气体以及溶解气体的公铁两用车站的相关荷载、尺寸设计标准及施工工程作业规范。其中装卸液态化学品的常设型公铁两用车站的标准已经废除，其余标准沿用至今。具体的标准情况见表4-4。

公铁两用装卸车站的相关标准　　　　表4-4

序号	英文标准名称	中文标准名称	标　准　号	发布组织
1	Transport and handling-rail cars and road tankers. Permanent stations for the loading and unloading. General	运输与装卸.铁路车辆和道路罐车.常设型装载和卸载车站.总则	NF T81-200—1979	法国标准化协会（FR-AFNOR）
2	Transport and handling. Rail cars and road tankers. Permanent stations for bottom loading and unloading of pressurized liquefied or dissolved gases	运输与装卸.铁路车辆和道路罐车.用于底部载有增压液化气体或溶解气体的车辆的装卸作业的常设型车站	NF T81-202—1979	法国标准化协会（FR-AFNOR）
3	Transport and handling rail cars and road tankers. Permanent stations for top loading and unloading of pressurized liquefied or dissolved gases	运输与装卸.铁路车辆和道路罐车.用于顶部载有增压液化气体或溶解气体的车辆的装卸作业的常设型车站	NF T81-203—1979	法国标准化协会（FR-AFNOR）
4	Transport and handling. Rail cars and road tankers. Permanent stations for the loading and unloading of pulverulent products	运输与装卸.铁路车辆和道路罐车.用于粉状产品的装载和卸载的永久车站	NF T81-204—1979	法国标准化协会（FR-AFNOR）

（四）信息化标准

欧盟标准化委员会（CEN）1999年首次召开的"多式联运和协作运输研讨会"重点研究了货物多式联运中的装载单元和信息交换的标准问题，2001年欧盟发布了《面向2010的欧洲交通政策白皮书》，在论述推进多式联运的技术措施时也专门强调了集装箱和可交换箱货箱的标准化问题。这方面现有国外标准总体上包括装载单元和数据交换相关标准。针对现行的ISO集装箱标准（ISO 668、ISO 1498）并不适合欧洲物流的需要，以及CEN现行的可交换箱货箱标准只适宜于公路和铁路运输，在内河和近海运输中经济性不高的背景下，CEN组合运输中的可交换箱货箱技术委员会（CEN/TC 119 Swap Bodies for Combined Goods Transport）已经制定了A类和C类叠放及不可叠放可交换箱货箱的尺寸、规格、测试、集装箱编码、标识等系列标准。此外，欧盟启动了APRICOT和MARTRANS等研究项目探讨公、铁、海多式联运中的信息交换问题，并为下阶段标准制定工作提供了依据。

国外关于综合交通运输信息化的标准，可以分为客运信息化标准、货运信息化标准以及客货两用的通用信息化标准。从内容上看，多集中在信息化设备数据接口及相关定义规范、信息化系统定义功能及逻辑架构;从学科上看,主要集中在通信及计算机科学领域,较少部分涉及运输组织与材料科学领域;从应用范围来看,多集中在多式联运领域、电子收费(ETC)领域以及客货信息化服务等领域。

1. 客运信息化标准

国外对于客运信息化标准主要面对智能交通系统运输服务领域,例如智能化乘客信息服务软件、车载交通信息装置等。

2007 年,英国标准协会(GB-BSI)发布 Public transport-Road vehicles-Visible variable passenger information devices inside the vehicle(《公共运输.道路车辆.车辆中可见的可变乘客信息装置》),该标准规定了一种乘客信息装置的信号接口及相关定义规范,该乘客信息装置可运用于城市公共交通车辆以及跨区域的长途运输车辆当中。

2017 年,国际标准化组织(ISO)又发布了 The use of personal ITS station to support ITS service provision for travelers-Part 1:General information and use case definitions(《使用个人智能交通服务设备为旅客提供智能交通运输服务.第 1 部分:一般信息和用例定义》),该标准定义了基于手机智能交通系统 APP 的一般信息和用例,为旅客提供相关的交通信息服务,包括驾驶员、乘客和行人。该系统多应用在综合交通枢纽、公交车站、停车场等。

这些智能交通服务系统可以应用在不同的交通场景当中,如综合交通枢纽、公交车站、停车场以及多方式运载设备中。因此,对于装置接口的定义及传输规范便显得尤为重要,只有用了统一的标准,才能使信息化系统在不同的场所设备中兼容使用。国外发布的客运信息化标准情况见表4-5。

客运信息化标准　　　　　　　　表4-5

序号	英文标准名称	中文标准名称	标 准 号	发布组织
1	Public transport-Road vehicles-Visible variable passenger information devices inside the vehicle	公共运输.道路车辆.车辆中可见的可变乘客信息装置	BS DD CEN/TS 15504—2007	英国标准协会(GB-BSI)
2	The use of personal ITS station to support ITS service provision for travelers-Part 1:General information and use case definitions	使用个人智能交通服务设备为旅客提供智能交通运输服务.第 1 部分:一般信息和用例定义	ISO 13111-1:2017	国际标准化组织(IX-ISO)

2. 货运信息化标准

国外发布的货运信息化标准大多应用于货物多式联运过程中,主要有车辆和设备识别、电子信息交换以及设备接口和界面三类。

(1) 车辆和设备识别标准

针对车辆和设备识别方面的标准最多,大多利用了射频识别系统(RFID)。例如,早在 1995 年,国际标准化组织(ISO)就发布了货物集装箱编码识别的相关标准(于 2012 年进行了二次修订);随后,又于 2009 年、2011 年分别发布 Freight containers-Radio frequency identification (RFID)-License plate tag(《货物集装箱 RFID 许可标签》)和 Freight containers-RFID cargo shipment tag system(《货运集装箱.RFID.货物运输标签系统》),规定了多式联运综合运输过程中应用了射频识别系统的货物标签系统编码规则以及标签的使用方法等。

紧接着,欧盟标准化委员会(CEN)、英国标准协会(GB-BSI)也发布了一系列关于多式联运配载单元中涉及的可交换箱货箱、半挂车的自动识别标准,包括数据处理系统名称、符号的定义标准、数据的识别方法等。

(2) 电子信息交换标准

2002 年,国际标准化组织(ISO)发布 Ships and marine technology-Data transfer standard for maritime, intermodal transportation and security(《船舶和海上技术.海运、多式联运和运输安全的数据交换标准》),该标准详细定义了与多式联运及海上运输有关的数据交换标准及安全管理规范。

2012 年和 2013 年,ISO 又相继发布了促进货运多式联运的电子信息交换的相关标准,标准定义了适用于货物运输和各种交通方式之间转换的数据交换概念,并且规定了货物多式联运信息交换中保证电子信息交换的管理规则。

目前,电子信息交换相关领域的国际标准均由国际标准化组织(ISO)发布,ISO 通过制定标准来统一不同交通运输方式系统接口,定义相同的信息编码与数据结构来实现各系统的兼容,从而实现真正无系统屏障的交通运输一体化。

(3) 设备接口及界面标准

2000 年,欧盟标准化委员会(CEN)制定发布了标准 Transport services-Goods transport chains-System for declaration of performance conditions(《运输服务.货物运输链.货物信息状态公示系统》),2001 年英国标准协会(GB-BSI)、德国标准化学会(DE-DIN)也引进采纳了欧盟的标准,该项标准规定了一种货物运输归档系统的相关标准,对该系统的可靠性及质量管理提出了相关要求并对系统的接口及界面标准进行了规定,该系统可用于多式联运多种运输方式下的库存与运输信息归档整合。

2004 年,德国标准化学会(DE-DIN)制定了 Technique of transshipment in the transportation chain-Unloading of bulk freight wagons-Part 1:Interfaces for wagons/unloading equipment(《运输链中的转运技术.散装货物货车的卸载.第 1 部分:货车及卸载设备的接口》),该标准同样是关于运输设备接口及界面的标准,涉及多种运输方式的衔接与配合。具体的标准情况见表 4-6。

货运信息化标准　　　　　　　　　　表 4-6

序号	英文标准名称	中文标准名称	标 准 号	发布组织
1	Freight containers-Coding, identification and marking	货物集装箱编码识别	ISO 6346—1995（2012 年进行修订:ISO 6346—1995 Amd 3—2012）	国际标准化组织（IX-ISO）
2	Freight containers-Radio frequency identification (RFID)-License plate tag	货物集装箱 RFID 许可标签	ISO/TS 10891—2009	国际标准化组织（IX-ISO）
3	Freight containers-RFID cargo shipment tag system	货运集装箱.RFID 货物运输标签系统	ISO 18186—2011	国际标准化组织（IX-ISO）
4	Intermodal Loading Units-Marking-Part 1:Markings for identification	多式联运配载单元.标识.第 1 部分:用以识别的标识	EN 13044-1—2011/AC:2014	欧盟标准化委员会（CEN）
5	Intermodal Loading Units-Marking-Part 2:Markings of swap bodies related to rail operation	多式联运配载单元.标识.第 2 部分:涉及铁路联运可交换箱货箱的标识	EN 13044-2—2011 BS EN 13044-2—2011	欧盟标准化委员会（CEN） 英国标准协会（GB-BSI）
6	Intermodal Loading Units-Marking-Part 3:Markings of semi-trailers related to rail operation	多式联运配载单元.标识.第 3 部分:涉及铁路联运中半挂车的标识	EN 13044-3—2011/ BS EN 13044-3—2011	欧盟标准化委员会（CEN） 英国标准协会（GB-BSI）
7	Intelligent transport systems-Automatic vehicle and equipment identification-Intermodal goods transport architecture and terminology	智能运输系统.自动车辆和设备识别.多式联运运输结构和术语	ISO 17261—2012 EN ISO 17261—2012 BS EN ISO17261—2012 DIN EN ISO 17261—2012	国际标准化组织（IX-ISO） 欧盟标准化委员会（CEN） 英国标准协会（GB-BSI） 德国标准化学会（DE-DIN）

续上表

序号	英文标准名称	中文标准名称	标准号	发布组织
8	Intelligent transport systems-Automatic vehicle and equipment identification-Numbering and data structures	智能运输系统.自动车辆和设备的定义.编码和数据结构	EN ISO 17262—2012	国际标准化组织（IX-ISO）
9	Supply chain applications of RFID-Freight containers	RFID的供应链应用.货运集装箱	ISO 17363—2013	国际标准化组织（IX-ISO）
10	Ships and marine technology-Data transfer standard for maritime, intermodal transportation and security	船舶和海上技术.海运、多式联运和运输安全的数据交换标准	ISO/PAS 16917—2002	国际标准化组织（IX-ISO）
11	Intelligent transport systems-Electronic information exchange to facilitate the movement of freight and its intermodal transfer-Road transport information exchange methodology	智能运输系统.为了促进货物运输和各种交通方式之间的转换而进行电子信息交换.道路运输信息交换方法	ISO/TS 24533—2012	国际标准化组织（IX-ISO）
12	Intelligent transport systems-Electronic information exchange to facilitate the movement of freight and its intermodal transfer-Governance rules to sustain electronic information exchange methods	智能运输系统.促进货运及其多式联运的电子信息交换.维持电子信息交换方法的管理规则	ISO/TS 17187—2013	国际标准化组织（IX-ISO）
13	Transport services-Goods transport chains-System for declaration of performance conditions	运输服务.货物运输链.货物信息状态公示系统	EN 13011—2000 BS EN 13011—2001 DIN EN 13011—2001	欧盟标准化委员会（CEN） 英国标准协会（GB-BSI） 德国标准化学会（DE-DIN）
14	Technique of transshipment in the transportation chain-Unloading of bulk freight wagons-Part 1: Interfaces for wagons/unloading equipment	运输链中的转运技术.散装货物货车的卸载.第1部分：货车及卸载设备的接口	DIN 30802-1—2004	德国标准化学会（DE-DIN）

3. 通用信息化标准

通用信息化标准是指可同时运用于客运与货运的信息化标准,该类标准主要由国际标准化组织(ISO)和德国标准化学会(DE-DIN)所提出,领域相对较为单一,集中在电子收费领域,例如电子收费(EFC)系统的系统信号传输的最低要求以及接口命名标准、服务提供和收费之间的信息交换标准、多式联运服务共同支付方案的 EFC 标准、未来多式联运标准化收费的政策和技术标准等。

此外,2002 年,美国电气电子工程师学会(IEEE)及美国国家标准学会还发布了关于不同运输系统产生交叉时的数据接口标准——Interface between the rail subsystem and the highway subsystem at a highway rail intersection(《在公铁交叉口的铁路子系统和公路子系统间的接口》),该标准规定了铁路子系统及公路子系统之间在公铁交叉口的数据交换接口及信息传递方式。国外通用信息化标准见表 4-7。

国外通用信息化标准 表4-7

序号	英文标准名称	中文标准名称	标　准　号	发布组织	类别
1	Electronic fee collection-Information exchange between service provision and toll charging	电子收费.服务提供和收费之间的信息交换	ISO 12855—2015	国际标准化组织(IX-ISO)	电子收费
2	Electronic fee collection-Investigation of EFC standards for common payment schemes for multi-modal transport services	电子收费.调查多式联运服务共同支付方案的EFC标准	ISO/TR 19639—2015	国际标准化组织(IX-ISO)	电子收费
3	Electronic fee collection-Investigation of charging policies and technologies for future standardization	电子收费.调查未来标准化的收费政策和技术	ISO/TR 21190—2018	国际标准化组织(IX-ISO)	电子收费
4	Identification card systems-Surface transport applications; Electronic fee collection-Part 1:Physical characteristics,electronic signals and transmission protocols	识别卡系统.陆上运输.电子收银.第1部分:物理特性、电子信号和传输协议	DIN V ENV 14062-1—2003	德国标准化学会(DE-DIN)	电子收费

续上表

序号	英文标准名称	中文标准名称	标准号	发布组织	类别
5	Identification card systems-Surface transport applications; Electronic fee collection-Part 2: Message requirements	识别卡系统.陆上运输.电子收银.第2部分:报文要求	DIN V ENV 14062-2—2003	德国标准化学会（DE-DIN）	电子收费
6	Interface between the rail subsystem and the highway subsystem at a highway rail intersection	在公铁交叉口的铁路子系统和公路子系统间的接口	IEEE 1570—2002 ANSI/IEEE 1570—2002	美国电气电子工程师学会（IEEE） 美国国家标准学会	公铁交叉

（五）运输安全管理标准

关于综合交通运输安全管理的标准,主要由英国标准协会（GB-BSI）、法国标准化协会（FR-AFNOR）、德国标准化学会（DE-DIN）三个标准化机构发布,分为设备安全使用规范和危险品安全运输两大类。

2007年,英国标准协会（GB-BSI）、法国标准化协会（FR-AFNOR）、德国标准化学会（DE-DIN）均发布了Transport Quality Management System-Road, Rail and Inland navigation transport-Quality management system requirements to supplement EN ISO 9001 for the transport of dangerous goods with regard to safety(《运输质量管理系统-道路、铁路和内河航运.关于危险品安全运输的质量管理系统要求.对EN ISO 9002文件的补充说明》),该标准对EN ISO 9002文件所提出的危险品安全运输质量管理系统要求进行了补充,整合了适用于道路、铁路及内河航运的运输质量安全管理规范。

2010—2011年,英国标准协会（GB-BSI）、法国标准化协会（FR-AFNOR）、德国标准化学会（DE-DIN）三个标准化机构先后发布了Railway applications-Track-Road-rail machines and associated equipment-General safety requirements(《铁路应用设施.钢轨.公路铁路两用机器及相关设备.一般安全性要求》),标准规定了一种公铁两用设备的噪声测量规范及一般性安全要求。具体的标准情况见表4-8。

运输安全管理标准　　　　　　　　　　　　　　　　　　　表 4-8

序号	英文标准名称	中文标准名称	标准号	发布组织	类别
1	Railway applications-Track-Road-rail machines and associated equipment-General safety requirements	铁路应用设施.钢轨.公路铁路两用机器及相关设备.一般安全性要求	BS EN 15746-2—2010 + A1—2011 NF F58-020-2—2010 DIN EN 15746-2—2011	英国标准协会（GB-BSI） 法国标准化协会（FR-AFNOR） 德国标准化学会（DE-DIN）	设备安全使用规范
2	Transport Quality Management System-Road, Rail and Inland navigation transport-Quality management system requirements to supplement EN ISO 9001 for the transport of dangerous goods with regard to safet	运输质量管理系统.道路、铁路和内河航运.关于危险品运输的安全要求（对 EN ISO 9001 的补充）	NF X50-803—2007 DIN EN 12798—2007 BS EN 12798—2007	英国标准协会（GB-BSI） 法国标准化协会（FR-AFNOR） 德国标准化学会（DE-DIN）	危险品安全运输

(六)交通运输统计标准

2012 年,欧盟标准化委员会(CEN)及英国标准协会(GB-BSI)、法国标准化协会(FR-AFNOR)发布和采用了 Calculation and reporting methods for energy consumption and greenhouse gas emissions from transportation services (freight and passenger)(《货运与客运运输服务能源消耗及温室气体排放量的计算与申报方法》)标准,具体情况如表 4-9 所示。该标准规定了货运与客运过程中,航空运输与海上运输的能源消耗及温室气体排放量的计算与申报方法,该标准是一种多运输方式通用的交通统计标准。

交通运输统计标准　　　　　　　　　　　　　　　　　　　表 4-9

英文标准名称	中文标准名称	标准号	发布组织
Calculation and reporting methods for energy consumption and greenhouse gas emissions from transportation services (freight and passenger)	运输服务(货运与客运)能源消耗及温室气体排放量的计算与申报方法	EN 16258—2012 NFEN 50-807—2012 BS EN 16258—2012	欧盟标准化委员会（CEN） 法国标准化技术委员会 英国标准化技术委员会

四、国外综合运输标准特点的经验借鉴

根据对国际标准化组织(ISO)和欧盟标准化委员会(CEN)和欧美发达国家标

准化组织机构和综合交通运输标准制修订情况的系统分析,可以发现国外综合运输标准的特点和经验。

自 20 世纪末以来,西方发达国家对于综合运输的标准化工作日益重视。这点可以从近年来欧盟在推进货物和旅客的多式联运问题上召开的标准研讨会、发布的政策白皮书、资助的研究项目看出。首先分阶段拟定出了不同领域需要优先制定的标准(如多式联运设备中的装载单元、货运枢纽的服务质量和推荐操作规程),然后逐步推进。目前,欧盟性和部分国家的标准化组织已经成立跨领域的工作机构来从事综合运输标准的制订工作,如欧盟的多式联运和协作运输研讨会(Intermodal and interoperable workshop)、欧盟的运输-物流与服务技术委员会(CEN/TC 320 Transport-Logistics and Services),美国的国家公路与运输官员协会 AASHTO 的多式联运和经济扩张的专门委员会 SCITEE 等。

(一)国外综合运输标准特点分析

1. 国外标准化管理体制与我国不同

由于欧美等发达国家主要的标准制定机构多为半官方或者民间机构,本身并没有强制力,处于"小政府、大社会"的社会状态。所以标准涉及领域的选择和具体拟定需要获得社会各方利益群体的广泛认可,整个流程耗时很长。我国的国家、行业和地方标准的组织机构均为政府主导,制定相应规划,组织全流程标准化工作,团体、企业标准化工作由社会团体组织、企业联盟或者企业内部组织制定、实施,需要遵照《中华人民共和国标准化法》及相应管理条例,接受政府标准化工作指导。

2. 各运输方式发展的阶段不同

以西欧为例,基本铁路网的建设在工业革命时期基本已经完成,而高速公路网的快速建设期发生在 20 世纪 50 年代之后。这样就造成了不同运输方式的错位发展。目前大规模的建设时期已经过去,主要通道的标准依然沿用过去制定的公路或者铁路标准,对综合运输通道建设类标准的需求比较低,主要还是集中在服务、信息化、装备、安全等方面的标准。

3. 国外各类综合运输标准占比

目前,国外的交通运输领域并未提出明确的综合交通运输概念,因此本书暂且将研究国外应用到两种及以上运输方式的相关标准。据不完全统计，从20世纪70年代至今，本书研究截至2019年年底查询到的国外几大标准化组织制定的综合交通运输相关的标准共70余项，总体上标准类型涉及范围面较宽，但多集中在信息化和装备产品方面的标准，这主要也是现实对标准的需求。

如图4-10所示，通过相关标准整理，将国外现有综合交通运输标准分为六大类，分别是：信息化标准最多，占比达42%；其次是装备及产品标准，占比约为24%；然后依次是运输服务标准、运输安全管理标准、场站及基础设施标准以及交通统计标准。

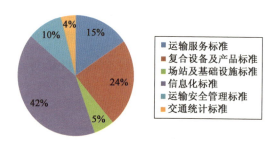

图4-10　国外综合交通运输各类标准数量占比

查询到的国外综合交通运输标准分类情况如图4-11所示，总体上分为6大类、15小类。其中：①运输服务标准涉及客运服务质量评价、货运服务质量评价、物流服务如仓储分销、货物包装等几大领域；②设备及产品标准涉及转运、换装、运输、显示、称量五类设备以及上述设备的配件标准等；③场站等基础设施标准主要包括货物装卸场站的设计标准以及装卸操作规范；④信息化标准涉及领域最广，包括智能交通系统运输服务、车辆和设备识别、电子信息交换、设备接口及界面，大部分是针对多式联运集装箱及车辆制定；⑤运输安全管理标准设备安全使用规范及危险品货物安全运输；⑥交通统计标准为客货运能耗测算方法。

4. 制定综合运输标准的组织分布情况

根据标准发布组织占比情况（图4-12），可以发现近40%的综合交通运输相关标准是由国际标准化组织（ISO）和欧盟标准化委员会（CEN）制定并发布，另外，德国标准化学会（DE-DIN）、英国标准化学会（GB-BSI）、法国标准化协会（FR-AFNOR）及美国国家标准学会（ANSI）等各国标准组织机构也各自制定相关标准发布实施，很遗憾没有查到美国公路和运输官员协会（AASHTO）的多式联运和经济扩张的专门委员会（SCITEE）制定的综合运输类标准。

第四章 国外综合交通运输标准现状及借鉴 51

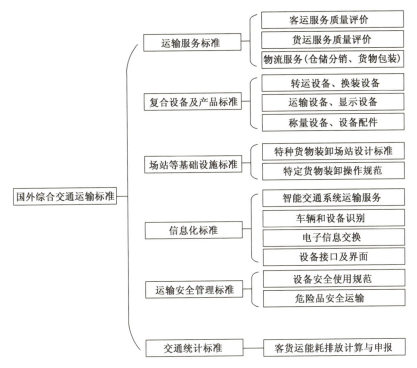

图 4-11 查询到的国外综合交通运输标准分类框图

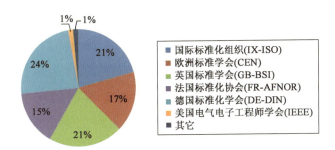

图 4-12 国外综合交通运输标准发布组织占比情况

图 4-13 为不同标准化组织发布的综合交通运输标准化类型及数量。可以看出，国际标准化组织（IX-ISO）更加注重信息化标准的制定，有 13 条是与信息化有关的，还有 2 条是关于设备及产品的标准；而欧洲标准协会（CEN）的关注点主要集中在运输服务、复合设备及产品、信息化标准三个方面。

各国的标准制定涉及领域：英国标准协会（GB-BSI）及法国标准化协会（FR-AFNOR）重视的领域较为广泛，涉及运输服务、场站设计、设备产品、信息化、运输安全以及交通统计等方方面面。值得注意的是，关于综合枢纽场站的设施类标准只有法国标准化协会发布，是针对公铁换装的特定车站设施标准。德国标准化学会（DE-DIN）在运输装备及产品领域、信息化领域以及运输服务和运输安全领域都有涉及,有将近36%的装备与产品的标准由德国标准化学会发布,可见,德国非常重视多式联运过程中需要的运输、换装装备标准的制定。

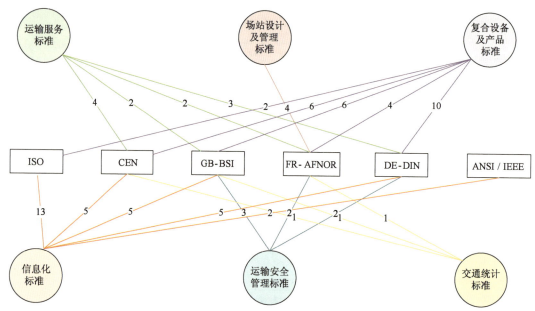

图4-13 不同标准化组织发布的综合交通运输标准化类型及数量

5. 综合运输标准的发布时间

由图4-14可以看出,综合交通运输的相关标准20世纪70年代就开始陆续出现,2000年之后,发布速度明显加快,有将近80%的综合运输标准都发布于2000年之后。由此可见,21世纪以来,对综合交通运输标准的需求不断加大,各个标准化组织纷纷开始着手研制综合运输相关标准,这为跨交通方式的衔接提供了有力的支撑,有效促进了全球交通运输一体化事业的发展。

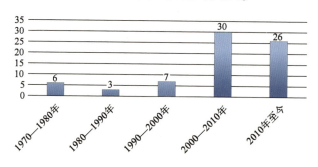

图4-14 综合交通运输相关标准发布时间分布

在各类标准中占比较大的运输装备及产品、信息化相关标准。根据图4-15及图4-16可以看出,关于信息化的相关标准主要发布在2000年之后,占该类标准总数的约97%,1990年之前几乎没有信息化相关的标准。这主要是由于PC互联网从20世纪90年代全球普及,之后迎来了智能交通的新一代浪潮。此后,国际相关标准组织为了使多方式衔接交通运输在智能信息化的大背景下实现无障碍兼容,开始制定发布较多与智能交通相关的综合交通运输标准。

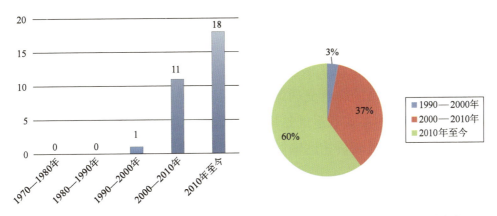

图 4-15　信息化标准发布年份分布　　　图 4-16　信息化标准发布年份分布占比

(二)对我国综合交通运输标准化的经验借鉴

分析西方发达国家在综合运输标准的特点,吸取他们的发展经验,总体上我国应该根据国情采取引进和自研相结合的发展路径。对于国外比较成熟的多式联运设施设备和运输服务方面的标准尽量转化采用,对于适应我国国情需求的相对空白的领域则需要逐步研制应用。

1. 本着需求导向的原则,根据国情开展我国综合运输标准体系的研究

由于管理体制的原因,国外和国内情况差异较大,需要根据国情的需要研制综合客运枢纽、综合货运枢纽、复合通道等方面的技术标准。欧盟标准化委员会(CEN)的"运输-物流与服务技术委员会"(CEN/TC 320)近年来制定发布了6项运输服务类技术标准,考虑国情的差别,建议我国可以在借鉴的基础上,根据自己的国情加以研究补充。

2. 标准的"引进来"与"走出去"相结合

对于国外先进的领域,例如先进成熟的技术装备和集装箱、托盘、半挂车等运载单元的标准相对成熟,我们要积极与国际接轨,借鉴参考或转化国际(区域性)先进标准,提高综合运输标准的国际化水平;而对于一些具有我国国情特色的、发

展相对领先的领域,我们要积极组织研究制定,并引导其向国际标准转化。

3. 关注交通运输行业最新动态,突出重点领域的标准体系

在综合交通运输标准制定过程中,我们要时刻关注行业最新发展动态,并及时聚焦重点领域,实现全方位、有侧重的综合交通运输有机衔接。从国外已开展的综合交通运输标准化情况看,重点集中在多式联运的运载单元集装箱标准和相关运输服务、信息化标准等方面,例如国际标准化组织(ISO)和欧洲标准化委员会(CEN)组织在这些方面制定了多项标准,用以规范这些领域的装备、服务和作业组织。我国在构建自己的综合交通运输标准体系时,也要重点关注多式联运相关联领域的标准,如制约多式联运的站场基础设施标准、联运装备标准、运输服务标准、信息化标准等等,提高货物运输服务水平,促使社会经济健康、有序地发展。

4. 适时成立多式联运、旅客联运等工作组,推动综合运输标准化工作

1999—2001年,欧盟标准化委员会(CEN)在"运输-物流与服务技术委员会"(CEN/TC 320)上设置了数个标准制定工作组。专门负责制定货物运输和旅客运输中的运营服务标准、危险品运输的质量和安全标准及货运枢纽的绩效标准等,近年来制定了17项运输服务、信息化、装备产品等方面的标准,对多式联运、物流服务等方面发挥了重要的作用。我们也可以借鉴CEN的做法,在综合交通运输标准化技术委员会下设若干标准工作组,集中精力专门研究制定相关标准,推动我国的综合运输事业健康、稳步发展。

第五章 我国综合交通运输标准化管理及制修订现状

本章通过对交通运输行业标准和国内相关行业标准的梳理，发现交通行业内有多项综合交通运输标准，分布在全国集装箱标准化技术委员会、交通运输部信息通信及导航标准化技术委员会等7个标准化技术委员会中；国内相关行业有25项与综合交通运输相关性较大的标准，主要分布在全国国际货运代理标准化技术委员会、全国危险化学品管理标准化技术委员会、全国物流标准化技术委员会等9家标准化组织机构中。建议加强综合交通运输标准的整合和梳理，实现综合交通运输标准的制修订工作归口管理、统一组织。

一、我国交通运输标准化管理组织现状

目前，我国交通运输行业标准化涉及综合运输、公路、水路、铁路、民航、邮政和城市客运、物流八个领域，在每个领域都有相应的标准化归口管理组织或机构，分别负责各自领域的标准化管理工作。其中，2015年8月交通运输部设立了综合交通运输标准化技术委员会，发布《综合交通运输标准体系（2015年）》的通知（交办科技〔2015〕80号），详见附件1。2017年6月经国家标准化管理委员会批复同意筹建全国综合交通运输标准化技术委员会（SAC/TC571），2018年7月召开了成立大会，如图5-1所示，并提出了2018年版的综合交通运输标准体系，体系结构图和标准体系表详见附件2。

图 5-1　全国综合交通运输标准化技术委员会成立大会

(一)综合、公路和水路

综合运输、公路和水路的标准化工作的主管部门是交通运输部,下设 22 个标准化技术委员会(协会),相关标准分为建设、产品及服务三类标准。

其中,建设类标准技术归口管理的组织机构有 2 个,分别为中国工程建设标准化协会公路分会和水运分会,是从事公路工程建设、养护和运营管理标准化工作的行业性团体,业务工作受交通运输部和中国工程建设标准化协会的指导和监督管理。产品和服务类标准技术归口的全国和行业标准化技术委员会共 20 个,行业主管部门为交通运输部科技司。技术委员会中有全国专业标准化委员会 11 个,全国专业标准化技术委员会分技术委员会 4 个,交通运输行业标准化技术委员会 5 个(含桥梁产品技术归口单位中国公路学会桥梁和结构工程分会)。按标准化技术委员会管理的专业范围划分,可分为综合交通运输、公路水路综合、公路运输和水路运输 4 个专业领域,其标准化技术委员会分别有 1 个、3 个、10 个和 6 个。各领域的标准化技术委员会情况如表 5-1 所示。

综合、公路及水路领域标准化技术委员会情况表　　表 5-1

标准分类		技术支撑标准化技术委员会	行业主管部门	业务联系司局
工程建设	公路工程建设	中国工程建设标准化协会公路分会	公路局	公路局
	水运工程建设	中国工程建设标准化协会水运分会	水运局	水运局
产品和服务		全国综合交通运输标准化技术委员会	交通运输部科技司	科技司
		全国智能运输系统标准化技术委员会		
		交通运输部信息通信及导航标准化技术委员会		
		交通运输部环境保护标准化技术委员会		

续上表

标准分类	技术支撑标准化技术委员会	行业主管部门	业务联系司局
产品和服务	全国交通工程设施(公路)标准化技术委员会	交通运输部科技司	公路局
	全国交通工程设施(公路)标准化技术委员会逆反射分技术委员会		
	全国交通工程设施(公路)标准化技术委员会工程材料与仪器设备标准化工作组		
产品和服务	中国公路学会桥梁和结构工程分会	交通运输部科技司	水运局
	全国集装箱标准化技术委员会		
	全国内河船标准化技术委员会		
	全国港口标准化技术委员会		
	全国起重机械标准化技术委员会臂架分技术委员会		
产品和服务	全国道路运输标准化技术委员会	交通运输部科技司	道路运输司
	全国城市客运标准化技术委员会		
	全国汽车维修标准化技术委员会		
	全国汽车标准化技术委员会挂车分技术委员会		
	全国汽车标准化技术委员会客车分技术委员会		
	交通运输部航海安全标准化技术委员会		海事局
	交通运输部航测标准化技术委员会		
	交通运输部救捞与水下工程标准化技术委员会		救捞局

交通运输部组织相关标准化技术委员会开展了综合、公路、水路标准化的大量研究工作,截至2019年底,组织编制并发布实施557项公路、水路国家标准(现行),组织编制并发布实施1690项行业标准,标准化工作涉及公路、水路工程建设、综合运输、集装箱、内河船舶、汽车维修、道路运输、城市客运、港口、环保、救捞、通信等相关领域。

(二)铁路

铁路标准体系总体上分为建设标准、产品装备和服务类标准。目前的行业主管部门均为国家铁路局科技与法制司标准一处(产品和装备)和标准二处(建设工程)。

建设标准技术归口单位为铁道部经济规划研究院的技术标准所,工程建设标准由基础标准、通用标准和专用标准三个层次组成。

产品装备和服务类标准化技术归口单位为大连、株洲、四方、戚墅堰车研所、通号设计院、二七通信厂科研所、西安器材研究所、中铁机械院、电化局、铁科院环控劳卫研究所、铁科院标准计量研究所等11个单位,涉及的产品标准按用途分成7类:通信与信号、铁道车辆、铁路运输、工务工程、机车车辆综合、牵引供电、基础与综合。现行有效的标准1831个,高速列车的标准另行制定。

铁科院标准计量研究所作为代部审查部门,负责铁路系统产品装备和服务类标准报批稿归口形式审查,是铁路系统最大的技术归口单位。承担铁道国家标准、行业标准的制修订、归口、标准化审查及宣贯,是我国铁道标准化专业技术机构,可提供标准化技术审查、企业标准化技术指导和标准备案、国外先进标准和国际标准咨询等技术服务。

从标准化工作组织形式上看,铁路系统标准化技术归口标准化技术委员会组织现有2个。全国牵引电气设备与系统标准化技术委员会(TC 278,简称牵标委),2005年成立,下设"牵引供电系统""机车车辆及电传动系统""电机电器"和"网络与控制"等专业组开展工作,主要负责制订全国牵引电气设备与系统领域的国家标准,对口国际电工委员会铁路牵引电气设备与系统技术委员会(IEC/TC9),负责IEC/TC9制定的国际标准转化为国家标准的工作。

铁道行业内燃机车标准化技术委员会,2002年成立,挂靠大连机车研究所,简称内标委,主要职责是从事机车(包括内燃机车和电力机车)和动车组动力车的机械部分、机车车辆通用元件等专业标准化技术工作的组织,负责上述专业范围内的标准化技术及管理工作。

其他专业还是由归口管理单位进行分类标准的管理(以上资料详见铁道质量技术监督网,有待进一步现场调研)。

从铁路系统的标准化工作组织管理形式上看,原来铁道部对标准化工作的管理主要是依靠12个技术归口单位(其中有2个专业的标准化技术委员会,见表5-2),基本上还是沿袭了计划经济体制下的管理体制,在这种体制下,参与标准化工作的各方面人员不固定、连续性差,标准管理的代表面不够广泛。前些年铁道部门已经意识到这个问题,计划对专业范围、技术委员会人员结构进行重组,建立相应的专业技术标准化技术委员会,符合国际标准化管理的惯例。但是由于近年来体制和机构的变化和其他种种原因一直没有实现,目前还是沿用原来的管理体制。

铁路领域标准化技术支撑机构情况表　　　　　　表 5-2

标准分类	技术支撑机构	行业主管部门
工程建设	铁道部经济规划研究院技术标准所	科技与法制司标准二处
产品装备和服务	铁科院标准计量研究所	科技与法制司标准一处
	铁科院环控劳卫研究所	
	中国中铁电气化局集团公司	
	大连机车研究所有限公司（含铁道行业内燃机车标准化技术委员会）	
	株洲电力机车研究所（含全国牵引电气设备与系统标准化技术委员会）	
	青岛四方车辆研究所有限公司	
	南车戚墅堰机车车辆工艺研究所有限公司	
	北京全路通信信号研究设计院有限公司	
	北京二七通信厂科研所	
	西安全路通号器材研究有限公司	
	中铁工程机械研究设计院	

（三）民航

民航系统标准体系分为建设标准和综合性标准。其中，建设标准的行业主管部门是中国民航局机场司；综合性标准由航空器适航审定司负责归口管理，同时负责起草民用航空器国籍登记和注册、民用航空产品及其航空材料、零部件、机载设备和民用航空油料、化学产品适航审定管理以及相应环境保护的相关法规、规章、政策、标准，并监督执行，其标准化工作职责类似交通运输部科技司。相关业务司局（航空安全办公室、发展计划司、运输司、飞行标准司、空管行业管理办公室、公安局）负责组织起草相关法规、规章、政策、标准、程序和技术规范，组织相关标准制修订工作。

目前，民航方面的综合性标准包括设备和客货运输技术标准，技术归口的标准化技术委员会有 2 个：全国航空货运及地面设备标准化技术委员会（挂靠民航科学技术研究院）、全国航空运输标准化技术委员会（挂靠中国航空运输协会）。现行有效的标准 300 多项，如表 5-3 所示。

民航领域标准化技术支撑机构情况表 表 5-3

标准分类	技术支撑机构	行业主管部门
工程建设	中国民航科学技术研究院	机场司
产品装备和服务	中国民航科学技术研究院（含全国航空货运及地面设备标准化技术委员会）	航空适航审定司
		航空安全办公室
		运输司
		飞行标准司
		空管行业管理办公室
		发展计划司
		人事科教司
		国际司
		公安局
	中国航空运输协会（含全国航空运输标准化技术委员会）	航空适航审定司

中国民航科学技术研究院标准计量研究所作为民航系统的标准化技术支持、服务单位，则主要承担民航标准化及计量基础理论、管理方针和政策的研究；按授权审查国家和行业标准、计量检定规程项目的立项申请，组织、参加有关标准的审定、实施和监督检查；起草专项基础标准；组织或参与民航系统有关的标准化技术委员会工作，负责与有关标准化国际组织技术交流；负责行业标准与计量检定规程的出版发行、宣贯、培训与技术咨询服务。其工作职责类似交通运输部科学研究院标准所。

二、我国综合交通运输标准制修订现状

按照研究提出的综合交通运输标准定义的要求，通过对交通运输行业标准化技术委员会已经组织制定的标准体系表的全面梳理以及对综合交通运输领域其他行业相关标准化技术委员会标准体系表的研究，统计了目前我国综合交通运输相关标准情况如下。

（一）全国综合交通运输标准化技术委员会制定的标准

截至 2020 年底，全国综合交通运输标准化技术委员会已经组织制定并发布实施综合交通运输标准有 43 项，详见表5-4。在编综合交通运输标准13项，详见表5-5。

已发布实施的综合交通运输标准表（截至2020年）　　表 5-4

序号	标准号	标准名称
1	JT/T 1065—2016	综合客运枢纽术语
2	JT/T 1066—2016	综合客运枢纽换乘区域设施设备配置要求
3	JT/T 1067—2016	综合客运枢纽通用要求
4	JT/T 1019.1—2016	12328 交通运输服务监督电话系统　第一部分：业务流程
5	JT/T 1019.2—2016	12328 交通运输服务监督电话系统　第二部分：总体技术要求
6	JT/T 1019.3—2016	12328 交通运输服务监督电话系统　第三部分：数据交换与信息共享接口技术要求
7	JT/T 1019.4—2016	12328 交通运输服务监督电话系统　第四部分：业务分类代码
8	JT/T 1019.5—2016	12328 交通运输服务监督电话系统　第五部分：分类统计指标
9	JT/T 1019.6—2016	12328 交通运输服务监督电话系统　第六部分：知识库数据元
10	JT/T 1092—2016	货物多式联运术语
11	JT/T 1093—2016	多式联运运载单元标识
12	JT/T 1109—2017	旅客联运术语
13	JT/T 1110—2017	多式联运货物分类与代码
14	JT/T 1111—2017	综合货运枢纽分类与基本要求
15	JT/T 1112—2017	综合客运枢纽分类分级
16	JT/T 1113—2017	综合客运枢纽服务规范
17	JT/T 1114.1—2017	旅客联运服务质量要求　第1部分：空铁旅客联运
18	JT/T 1115—2017	综合客运枢纽公共区域总体设计要求
19	JT/T 1116—2017	公路铁路并行路段设计技术规范
20	JT/T 1114.2—2018	旅客联运服务质量要求　第2部分：公路航空旅客联运
21	JT/T 1194—2018	商品车多式联运滚装操作规程
22	JT/T 1195—2018	多式联运交换箱标识
23	JT/T 1196—2018	邮件民航运输交接操作要求
24	JT/T 1197—2018	快件民航运输交接操作要求
25	JT/T 1244—2019	国内集装箱多式联运运单
26	JT/T 1245—2019	国内集装箱多式联运电子运单
27	JT/T 1246—2019	公路与铁路两用桥梁通用技术要求
28	JT/T 1247—2019	综合客运枢纽导向系统布设规范
29	JT/T 1271—2019	驮背运输装载栓固技术要求
30	JT/T 1272—2019	多式联运交换箱技术要求和试验方法
31	JT/T 1273—2019	公铁联运厢式半挂车标识
32	JT/T 1286—2020	空陆联运集装货物转运操作规范

续上表

序号	标 准 号	标 准 名 称
33	JT/T 1287—2020	乘用车集装箱运输技术要求
34	JT/T 1288—2020	冷藏集装箱多式联运技术要求
35	JT/T 1312—2020	商品车多式联运交接单
36	JT/T 1310—2020	综合交通电子客票信息系统互联互通技术规范
37	JT/T 1311—2020	公路铁路交叉路段技术要求
38	JT/T 1347—2020	公铁联运货运枢纽功能区布设规范
39	JT/T 1348—2020	冷链货物空陆联运通用要求
40	JT/T 1349—2020	多功能钢质托盘技术要求
41	JT/T 1350—2020	海铁联运 列车磅单报文
42	JT/T 1351—2020	海铁联运 需求车提报报文
43	JT/T 1352—2020	海铁联运 列车运行与货物追踪接口

2020年在编标准表(全国综合交通运输标准化技术委员会) 表5-5

序号	计 划 号	标 准 名 称
1	JT 2017-39	综合交通运行监测客运信息数据交换
2	JT 2019-47	滚装甩挂运输操作规程
3	JT 2019-5	邮件快件铁路运输交接操作要求
4	JT 2019-4	通用集装箱陆空转运技术规范
5	JT 2020-05	快件铁路运输安检数据交换规范
6	JT 2020-04	快递无人机联合监管信息交互规范
7	JT 2020-03	无人机物流配送运行规范
8	JT 2020-02	航空集装器运输车货厢传送辊技术规范
9	JT 2020-01	升降式航空集装器传送机技术规范
10	20202965-T-348	交通运输港站重大呼吸道传染病疫情防控技术指南(国标)
11	20202964-T-348	交通运输工具重大呼吸道传染病疫情防控技术指南(国标)
12	20202677-T-348	货物多式联运术语(国标)
13	20202675-T-348	综合客运枢纽通用要求(国标)

(二)交通运输行业其他标准化技术委员会的相关标准

通过对交通运输行业标准化技术委员会标准体系表的梳理,目前行业综合交通运输标准共包含27项,主要集中在全国集装箱标准化技术委员会、交通运输部信息通信及导航标准化技术委员会、全国道路运输标准化技术委员会、全国智能运输系统标准化技术委员会、全国港口标准化技术委员会、全国汽车标准化技术委员会挂车分技术委员会、交通运输部航海安全标准化技术委员会7个标准化技术委员会中,详见表5-6。

交通运输行业其他标准化技术委员会制定的综合交通运输标准　　表5-6

序号	标 准 号	标准名称	宜定级别	实施日期	归口管理
1	GB/T 17271—1998	集装箱运输术语	GB/T	1998-10-01	全国集装箱标准化技术委员会
2	GB/T 1992—2006	集装箱术语	GB/T	2007-05-01	
3	GB/T 1836—1997	集装箱代码、识别和标记	GB/T	1997-12-01	
4	GB/T 17273—2006	集装箱设备数据交换(CEDEX)一般通信代码	GB/T	2006-10-01	
5	GB/T 16561—1996	集装箱设备交接单	GB/T	1997-06-01	
6	JT/T 725—2008	集装箱多式联运电子数据交换基于XML的装/卸报告报文	JT/T	2008-11-1	
7	JT/T 726—2008	集装箱多式联运电子数据交换基于XML的舱单报文	JT/T	2008-11-1	
8	GB/T 22434—2008	集装箱运输计划及实施信息报文	GB/T	2009-04-01	
9	GB/T 16563—1996	系列1　集装箱的技术要求和试验方法　第3部分　液体、气体及加压干散货罐式集装箱	GB/T	1997-06-01	
10	GB/T 16564—1996	系列1　集装箱的技术要求和试验方法　第5部分　平台式、台架式集装箱	GB/T	1997-06-01	
11	GB/T 7392—1998	系列1　集装箱的技术要求和试验方法　第2部分保温集装箱	GB/T	1998-10-01	
12	GB/T 17274—1998	系列1　集装箱的技术要求和试验方法　第4部分　无压干散货集装箱	GB/T	1998-10-01	
13	GB/T 17770—1999	集装箱空陆水(联运)通用集装箱技术条件和试验方法	GB/T	2000-04-01	全国集装箱标准化技术委员会
14	GB/T 5338—2002	系列1　集装箱的技术要求和试验方法　第1部分　通用集装箱	GB/T	2012-10-01	
15	GB/T 1413—2008	第1系列　集装箱分类、尺寸和额定质量	GB/T	2008-10-01	

续上表

序号	标准号	标准名称	宜定级别	实施日期	归口管理
16	JT/T 486—2002	交通统计信息交换格式	JT/T	2003-03-01	交通运输部信息通信及导航标准化技术委员会
17	JT/T 748—2009	公路水路交通信息资源业务分类	JT/T	2009-11-01	
18	JT/T 749—2009	交通信息资源标识符编码规则	JT/T	2009-11-01	
19	JT/T 697.1—2013	交通信息基础数据元 第一部分:总则	JT/T	2014-01-01	
20	JT/T 19—2001	运输货物分类和代码	JT/T	2001-08-01	全国道路运输标准化技术委员会
21	GB/T 19947—2005	运输指示报文 XML 格式	GB/T	2006-04-01	
22	GB/T 19948—2005	运输计划及实施信息报文 XML 格式	GB/T	2006-04-01	
23	GB/T 26767—2011	道路、水路货物运输地理信息基础数据元	GB/T	2011-12-01	全国智能运输系统标准化技术委员会
24	GB/T 26768—2011	道路、水路货物运输基础数据元	GB/T	2011-12-01	
25	JT/T 385—2008	水路、公路运输货物包装基本要求	JT/T	2009-03-01	全国港口标准化技术委员会
26	GB/T 23336—2009	半挂车通用技术条件	GB/T	2010-01-01	全国汽车标准化技术委员会挂车分技术委员会
27	JT/T 786—2010	滚装船舶载运危险货物车辆积载与隔离技术要求	JT/T	2010-08-20	交通运输部航海安全标准化技术委员会

其中全国集装箱标准化技术委员会包含综合交通运输标准15项,主要包括集装箱的术语、代码,涉及联运集装箱(主要是海铁联运)的技术要求和试验方法,以及集装箱多式联运的相关报文标准。

交通运输部信息通信及导航标准化技术委员会涉及的综合交通运输标准4项,主要包括交通信息数据元的格式、统计信息交换要求以及跨方式的信息资源分类等综合交通运输信息化方面的标准。

全国道路运输标准化技术委员会涉及的综合交通运输标准3项,包括道路运输的货物代码、运输指示报文 XML 格式和运输计划及实施信息报文 XML 格式标准。

全国智能运输系统标准化技术委员会涉及的综合交通运输标准2项,主要为道路和水路运输的数据元相关标准。

全国港口标准化技术委员会、全国汽车标准化技术委员会挂车分技术委员会、交通运输部航海安全标准化技术委员会所涉及的综合交通运输标准各一项，主要为开展跨方式运输的货物包装、半挂车以及灌装船相关标准。

(三) 国内其他行业标准化技术委员会制定的相关标准

通过对综合交通运输相关的行业相关标准化技术委员会制定的标准体系表的梳理，目前行业相关标准化技术委员会制定的综合交通运输标准共 25 项。主要分布在全国国际货运代理标准化技术委员会、全国危险化学品管理标准化技术委员会、全国物流标准化技术委员会、全国电子业务标准化技术委员会、全国物流信息管理标准化技术委员会、全国船舶舾装标准化技术委员会、全国包装标准化技术委员会、中国石油天然气管道工程有限公司、商务部 9 家标准化机构，详见表 5-7。

行业相关标准化技术委员会制定的综合交通运输标准　　表 5-7

序号	标准号	标准名称	实施日期	归口管理
1	GB/T 30347—2013	国际货运代理危险货物运输服务质量要求	2014-07-01	全国国际货运代理标准化技术委员会
2	GB/T 30058—2013	国际多式联运单据备案与查询规则	2014-04-01	
3	SB/T 10800—2012	国际货运代理多式联运提单	2012-12-01	
4	SB/T 10799—2012	国际货运代理海运提单	2012-12-01	
5	GB/T 30343—2013	国际货运代理海铁联运作业规范	2014-07-01	
6	GB/T 30344—2013	国际货运代理铁海联运作业规范	2014-07-01	
7	SB/T 10798—2012	电子提单格式规范	2012-12-01	
8	GB/T 24360—2009	多式联运服务质量要求	2009-12-01	全国物流标准化技术委员会
9	GB/T 2934—2007	联运通用平托盘主要尺寸及公差	2008-03-01	
10	GB/T 4995—1996	联运通用平托盘性能要求	1997-08-01	
11	GB/T 4996—1996	联运通用平托盘试验方法	1997-08-01	
12	GB/T 16472—2013	乘客及货物类型、包装类型和包装材料类型代码	2013-11-30	全国电子业务标准化技术委员会
13	GB/T 15419—2008	国际集装箱货运交接方式代码	2008-11-01	
14	GB/T 20526—2006	运输设备进场/出场报告报文 XML 格式	2007-03-01	
15	GB/T 23831—2009	物流信息分类与代码	2009-08-01	全国物流信息管理标准化技术委员会
16	GB/T 14655—1993	滚装船与岸联接的基本规定	1994-07-01	全国船舶舾装标准化技术委员会

续上表

序号	标准号	标准名称	实施日期	归口管理
17	GB/T 16470—2008	托盘单元货载	2009-01-01	全国包装标准化技术委员会
18	GB 6944—2012	危险货物分类和品名编号	2012-12-01	全国危险化学品管理标准化技术委员会
19	GB 12268—2012	危险货物品名表	2012-12-01	
20	GB 190—2009	危险货物包装标志	2010-05-01	
21	GB 12463—2009	危险货物运输包装通用技术条件	2010-05-01	
22	GB/T 22152—2008	国际货运代理业务统计导则	2008-09-01	商务部
23	GB 50423—2013	油气输送管道穿越工程设计规范	2014-06-01	中国石油天然气管道工程有限公司
24	GB 50424—2007	油气输送管道穿越工程施工规范	2008-05-01	
25	SY/T 0325—2001	钢质管道穿越铁路和公路推荐做法	2002-01-01	

其中全国国际货运代理标准化技术委员会制定综合交通运输标准7项，主要围绕国际货运中的多式联运提单、单据、作业规范、服务质量要求的相关标准。

涉及全国物流标准化技术委员会制定的综合交通运输标准4项，主要围绕多式联运的服务质量以及联运平托盘的尺寸、性能要求和试验方法所提出的标准。

涉及全国电子业务标准化技术委员会制定的综合交通运输标准3项，主要围绕货运包装、交接方式代码及设备进出场报文所提出的标准。

涉及全国物流信息管理标准化技术委员会、全国船舶舾装标准化技术委员会、全国包装标准化技术委员会、商务部制定的综合交通运输标准各1项，主要围绕物流信息代码、滚装船、托盘以及国际货代统计等方面提出的标准。

涉及全国危险化学品管理标准化技术委员会制定的综合交通运输标准4项，主要涉及不同运输方式危险货物运输过程中的危险货物分类、品名、包装等标准。

涉及中国石油天然气管道工程有限公司制定的综合交通运输标准3项，主要围绕管道跨越铁路或公路等复合通道相关的标准。

三、我国综合交通运输标准化工作面临的难题

通过对我国综合交通运输标准化相关工作机构和制修订标准现状情况的梳理，可以发现目前我国的综合交通运输标准化工作存在以下问题：

(一)高质量综合交通运输标准体系需加强研究

综合交通运输体系建设要求不断提高,新装备新业态层出不穷,空铁旅客联运、空巴旅客联运、多式联运、驮背运输等综合运输新业态在一些区域蓬勃发展。这就要求我们要加强工作调研,找准制约综合交通运输体系建设的标准化工作关键环节,有针对性地提出高质量标准体系及标准制修订需求,加快制定一批制约综合交通运输关键技术问题的标准,为综合交通运输高质量发展提供技术支撑。

(二)综合交通运输标准覆盖面还需扩大

已有的综合交通运输标准是指两种及以上运输方式协调衔接或共同使用的标准,涵盖物流等交叉领域。具体工作过程中,涉及城际交通与城市交通衔接、城市综合交通运输系统的标准化问题需求较多(如城际轨道与城市轨道换乘衔接问题、城市综合客运枢纽问题)。目前的标准体系中较为缺欠,影响综合交通标准化的深入全面开展。应该将创新标准项目征集渠道,推动更多高质量标准制修订项目立项研究编制。

(三)综合交通运输标准的国际化水平还需提高

现有综合交通运输国际性标准几乎全部是等同或修改采纳的国际标准,对国际标准以及相关关键技术的发展上缺乏紧密跟踪与研究,缺乏自身技术的积累,导致我国的相关标准技术只能跟在发达国家后面走,缺乏自主创新和研制,与我国生产制造大国和交通运输大国的地位很不相称。此外,在采纳国际标准的过程中存在专业技术人员和资金投入不足等问题。

(四)综合交通运输标准融合协调工作难度较大

综合交通运输标准需要加强与现有各种运输方式标准的衔接,研究明确与各种运输方式标准的边界,宜综合则综合,该分开则分开,标准的制定过程中,由于原有管理条块分割及专业标委工作自成体系,在标准编制与征求不同部门意见过程中,经常会遇到来自其他相关部门的不同意见,协调难度较大。建议进一步加大协调工作力度,在标准制定过程中,积极协调相关标准化技术委员会与各运输方式管理部门。

(五)与其他行业标准制定和管理还存在交叉

我国目前的专业标准化技术委员会都是按照业务领域纵向管理,在各个业务领域又同时涉及如信息化、环保、安全等横向领域,因此造成各专业标准化技术委员会存在很多业务交叉问题。综合交通运输标准化作为跨运输方式的标准化管理,与其他专业交通标准化技术委员会或多或少存在一些交叉问题,这给综合交通运输标准体系的系统化构建和工作推进带来了很大困难。另外,综合交通运输标准化还存在跨行业管理协调的问题,如多式联运标准化既涉及铁路、水运、公路、港口、民航、邮政等交通运输行业各自的标准,也涉及物流、货代、海关及检验检疫等交通运输行业以外领域的标准,涉及跨行业管理协调的问题,这也为推进综合交通运输标准化工作带来了较大的困难。

第六章　我国综合交通运输标准需求分析

一、总体分析

加快推进综合运输体系建设要以需求为导向、以目标为遵循,合理配置交通资源和运输服务,实现各种运输方式的协调发展,以交通一体化发展为追求目标,强化各种运输方式的衔接,提升运输效率和服务水平。《交通运输部关于推进综合运输体系建设的指导意见》(交规发〔2011〕301号)中指出,当前和今后一段时间的工作重点是:加强部门协调,优化综合运输规划布局,注重运输方式衔接,加快综合运输枢纽建设,优化运输组织,推进运输服务一体化,搭建综合运输信息平台,促进信息资源共享,强化管理创新,提高综合运输公共管理水平。

通过对综合交通运输各领域的标准化需求分析,以往,客运枢纽、货运枢纽、公铁复合等设施类建设和运营一直是利用各自行业的标准规范,实际工作中需要反复不断的沟通协调才能做好综合性对的交通设施建设。同样,旅客联程联运、货物多式联运等新兴服务业态也急需相关标准规范。自2015年交通运输部成立了综合交通运输标准化技术委员会以来,加强了这方面的标准化工作,产生了较好的效果,目前重点针对多式联运运输服务和装备产品、旅客联运服务和产品标准开展研究,继续丰富、完善综合交通运输标准体系。

二、近期重点需求和发展趋势分析

(一)综合交通运输标准近期重点需求

我国建设综合交通运输体系的理念早在1987年党的十三大报告中就已经提

出,即"加快发展以综合运输为主轴的交通业",但是由于我国行业之间管理体制和对综合交通运输理念认识的限制,综合运输体系一直没有得到明显的改进和完善。自 2013 年交通大部制改革以来,特别是中央编委下发《中央编办关于交通运输部有关职责和机构编制调整的通知》〔2013〕133 号文件后,交通运输部正在加快体制机制的深化改革,并将综合交通运输标准化工作放在了非常重要的地位。自 2015 年交通运输部设立综合交通运输标准化技术委员会以来,把制定和实施综合交通运输标准的工作放在了十分重要的位置。

为充分发挥综合交通运输带来的运输效率大幅度提高的优势,开展旅客联程联运和货物多式联运标准化研究工作是提升综合运输水平的关键所在,为保证联运工作的顺利开展,需要提升基础设施的标准化水平。因此,应该紧紧围绕交通运输未来规划的重点任务和主攻领域,重点研究制定旅客联运、货物多式联运和工程设施等领域急需的标准规范。

(二)综合交通运输标准发展趋势分析

总体上讲,标准化是伴随着社会进步和科学技术的发展而发展,综合交通运输标准化水平也是随着人们对综合交通运输服务需求的提高而不断提升。在近期标准制定重点的基础上,从以下三个方面对综合交通运输标准化下一阶段发展趋势进行预测分析:

1. 旅客联程联运标准化发展趋势

旅客联程联运标准化发展的目标是节省旅客出行的时间、增加出行的安全性,发挥多种运输方式协调衔接、提高运输效率、降低排放的优点,应该进一步修订旅客联运的行李运输服务标准、旅客出行服务的综合运输信息化服务规范等,实现真正的一票到底的旅客联运,发挥综合运输的高效率,为旅客出行提供安全、便捷的出行服务。

2. 货物多式联运标准化发展趋势

未来我国多式联运发展,将重点强化不同运输方式之间的衔接协调,构建以设施高效衔接为基础、以站场快速转运为重点、以各种联运形式竞相发展为路径、以信息资源整合共享为支撑、以设施设备及服务标准化为保障的多式联运组织体系。围绕我国多式联运组织体系构建,货物多式联运标准化发展,将进一步完善多式联运标准体系,重点推进多式联运设施、装备、信息化、运营组织等方面的技术标准和服务规范。

（1）多式联运场地设施的标准化

我国多式联运基础设施建设重点，将主要依托港口、铁路货运站场，配套建设公路集散分拨中心，打造具有公、铁、水联运功能的综合货运枢纽（物流园区）。当前我国综合货运枢纽建设缺乏统一的标准规范，综合货运枢纽建设标准的滞后制约了多式联运服务能力的提升。多式联运设施标准化，将重点推进综合货运枢纽在规划建设、运营组织、服务管理等方面标准化水平，在综合货运枢纽的规划布局、建设要求、服务功能、作业流程、运营评价等方面制定相应标准规范，指导综合货运枢纽的建设和服务，提高多式联运不同运输方式间基础设施的衔接水平。

（2）多式联运装备标准化

分析国际上的发展方向，结合我国的国情，多式联运装备发展的重点将加强国际集装箱、半挂车、可交换箱货箱等标准运载单元的研发和应用，将加强大型、高效的装卸设备和快速转运设备的研发和使用，发展铁路专用平车、半挂车专用滚装船、公铁两用挂车等专业化运输装备，提高转运效率，实现装卸设备和转运设备的无缝对接。围绕我国多式联运装备发展，多式联运装备标准化将建立健全基于集装箱、半挂车等标准运载单元的设备技术标准体系，推进集装箱向安全、绿色、智能的标准化方向发展，推进物流台车、集装袋、物流箱等集装化装卸机具、大型转运吊装设备、非吊装式换装设备的标准化，推进适应铁路驮背运输、公铁滚装运输的运载单元的栓固设备等技术标准的研制，不断提升我国多式联运装备的通用性和现代化水平。如图6-1、图6-2所示分别为国外多式联运公铁甩挂运输和交换箱换装标准化作业场景。

图6-1　国外的公铁甩挂运输站场

图 6-2　德国公铁换装站场(交换箱吊装作业)

(3) 多式联运信息标准化

多式联运系统处理的信息量大、单证种类多、流转环节繁杂,这要求强化各环节、各方式的信息衔接,实现多式联运信息的高效传输和共享。多式联运信息系统,要整合现有铁路、公路、水路运输相关信息系统,统一搭建多式联运公共信息服务平台,提高不同运输方式之间的信息系统对接和协同运作水平。多式联运信息标准化,要通过制定多式联运信息共享和数据传输、交换标准,突破相互间信息壁垒,推动建立各种运输方式信息资源相互开放与共享。通过推广使用电子数据交换、无线射频设备、物联网、大数据、云计算等先进、标准化的信息技术和装备,加强货物全程实时追踪、信息查询、运行调度等系统建设,提升多式联运信息化和之智能化水平。

(4) 多式联运服务规范化

为保证多式联运系统高效运转,需要制定统一的多式联运服务规范。加快制定多式联运经营人的要求和规范,统一货运代理、运价形成机制、保险理赔标准、承托方责权利等方面的规制要求,加强对行业准入和服务管理。加快制定统一的多式联运票证单据、承运人识别、责任划分、保险理赔等方面的规定,为全程联运组织扫除机制障碍。加快制定并推广多式联运标准合同范本及适用于国际、国内多式联运的统一单证,引导推行"一单制"联运服务。

3. 综合交通工程设施技术标准发展趋势

随着综合客、货运服务需求的不断提高,交通枢纽的协调衔接各种交通运输方式的作用更加突出,更好地为旅客和货物运输提供优质的服务,需要为实现包括行李运输和统一客票的旅客联程联运提供科学合理的标准化服务,为综合货运枢纽提供方便快捷和标准规范的场地设施和换装设备。

(1)综合客运枢纽设施标准

分析国内外综合客运枢纽的现状和发展方向,综合客运枢纽建设工程技术总的趋势应该是安全、高效、节能、环保,其标准化方向也是与之配套服务。

①枢纽内部换乘服务的人性化、个性化。在便捷换乘的基础上,逐渐建设完善换乘过程中的人性化和个性化的服务设施和设备的配置,使得综合客运枢纽真正为包括残疾人、老年人等各种人群提供便捷的换乘服务,同时拓展枢纽内各项服务功能,建设完善各项配套服务设施设备,进一步研制综合客运枢纽设计技术规范和运营服务标准。

②保证换乘的安全、畅通。协调各种交通方式,制定综合枢纽内部协调统一的规划布置和安全应急预案,为换乘旅客提供安全规范的设施设备,真正成为安全、畅通的旅客出行和到达的集散场所。

③绿色环保、节能减排的建筑。"十二五"以来,我国绿色建筑快速发展,随着绿色建筑技术的发展,对绿色建筑的内涵和外延不断丰富,要求对交通枢纽建筑体在全寿命周期内,在满足建筑功能的前提下最大限度地节能、节地、节水、节材和保护环境,针对大量占地的交通枢纽,应该研制相应的规划建设和评价标准。

(2)综合货运枢纽设施标准

根据多式联运的发展趋势分析,不断完善各种综合货运枢纽场站总体规划、基础设施配置标准和服务规范,提高综合货运枢纽的综合服务能力。多式联运型物流园区是综合货运枢纽将来的发展方向,也是交通运输部鼓励扶持的货运枢纽的重点。需要在多式联运型枢纽的分类分级、总体规划、场区布局、换装场地设施配备等方面制定相应标准规范,指导综合货运枢纽的建设,提高多式联运不同运输方式间基础设施和运输服务的衔接水平。国外的公铁联运枢纽和驮背运输换装场地布置、作业方式分别如图6-3、图6-4所示。

(3)复合通道及交叉设施工程技术标准

综合交通运输复合通道应该是各种运输方式复合通道的大概念,鉴于目前的管理现状和已经存在的突出问题,近期标准制定重点放在了公路和铁路复合通道及交叉设施的相关标准制定,根据未来行业管理进一步融合的发展趋势,应该考虑其他运输方式(如水运、航空、管道运输方式和城市交通)对复合运输通道的相互影响。同样交叉设施近期重点标准也是针对公铁交叉情况进行研制,根据将来综合运输领域的发展情况,将研制公路或铁路与其他交通运输方式相互交叉的设施技术标准,进一步完善综合交通运输的标准体系。如图6-5、图6-6所示分别为国内已经存在的其他类型的并行和交叉类型。在近期重点研制的公铁并行、交叉的设计技术标准的基础上,进一步开展后期施工验收、运营管理和评价监督等方面的标准,规范和引领这一领域内的技术标准化工作。

图6-3　欧洲的公铁联运枢纽

图6-4　驮背运输换装(德国 Megaswing)

图6-5　道路与轨道交通并行、交叉

图6-6　铁路与管线交叉

三、综合交通运输标准需求分析

(一)综合客运枢纽相关标准需求

1. 综合性客运枢纽的运营服务标准需求

由于综合客运枢纽内部各种运输方式的服务水平存在差异,尤其是航空运输与铁路、公路运输的服务设施、质量、环境、安全、站务管理等相差较大,导致同一枢纽内部各组成部分或不同枢纽之间服务水平不一致,影响了旅客的出行体验。为提高综合客运枢纽的整体服务质量和水平,需要研究制定协调一致的运营服务质量标准。

2.急需制定综合客运枢纽安全与应急管理标准需求

现有的综合客运枢纽中各种交通方式的运营"各自为政",安全应急管理缺乏有效联动机制,管理服务信息难以共享,运行时刻、联运组织没有实现一体化管理,无法做到协调一致。遇突发事件时,各行其政,应急反馈机制效率较低。

3.综合客运枢纽信息共享标准需求

综合客运枢纽内部的各种运输方式的信息平台基本上是独立运行,容易导致各种信息衔接不紧密、发布不及时,影响旅客换乘畅通和管理服务的及时跟进。例如,上海虹桥综合客运枢纽站在设计和建设试运行阶段成立了枢纽信息中心(HOC),综合管理枢纽站内的信息系统,运行阶段后便各自移交,HOC只负责管理公共部分,由于无法协调和发布各种运输方式的信息,降低了枢纽整体的运营效率和处理安全应急的水平。

4.综合客运枢纽无障碍标准需求

当前,我国有8500多万残疾人,60岁以上老年人口约2亿,此外还有大量伤病人、妇女儿童和其他有特殊需求群体。随着老龄化社会的到来,提供无障碍的出行环境是推进基本公共服务均等化,积极应对人口老龄化的迫切要求。目前,已有交通行业《民用机场旅客航站区无障碍设施设备配置》(MH/T 5107—2009)、《铁路旅客车站无障碍设计规范》(TB 10083—2005,已作废)及住房和城乡建设部制定的《无障碍设计规范》(GB 50763—2012)等标准,这些标准是对单一客运站场或者是通用的设计标准要求。针对综合客运枢纽是大量旅客聚集、以交通功能为主的场所,枢纽内包含换乘区、候乘区、站台、检票区、行李托运区、安全检查区等交通特有功能区以及自动步道、交通信息发布系统等交通特有设备,这些特定功能区的无障碍设置要求在已有标准中无法提供。目前已经建设的综合客运枢纽涉及多种运输方式,各运输方式功能区衔接处的无障碍设计要求缺少,造成枢纽内无障碍设施不衔接。制定相关标准将通过明确综合客运枢纽中的各功能区的无障碍设置要求以及不同功能区无障碍设施衔接协调要求,规范综合客运枢纽无障碍环境建设要求。

(二)旅客联程联运相关标准需求

旅客联程联运方式可以节省旅客在途时间,提高运输效率,是客运长远的发展方向。由于管理体制的限制,我国在交通运输的基础设施、运营网络、市场准入、服务标准等环节对开展旅客联程联运还存在障碍,为推进旅客联程联运科学有序的发展,迫切需要统一的联运客票标准(客票票样、电子客票)、行李托运标准(行李票样、服务规范)、联运服务标准(服务规范)来推动我国旅客联运服务的发展。

1. 旅客联运票务服务的标准需求

国外发达国家的部分客运枢纽已经开展了旅客联程联运,如德国法兰克福机场客运枢纽的空铁联运,旅客可通过一次购票完成"一票到底"的跨方式出行。目前我国开展的空铁旅客联运、空地旅客联运,在一次购票后,还需要通过人工的方式换取火车票完成出行,导致这一问题的最大障碍在于目前铁路、民航、道路运输的售票系统相对独立,各方式电子客票建设的标准不一,系统中关于起讫点的编码规范不一致(如民航的 IATA 标准和铁路标准),系统间关于旅客个人信息、出行信息、票务信息无法交换共享;同时,由于售票系统相对独立,目前国内多方式联运票款的清分结算还属于半自动化模式,以东航为例,东航将旅客购买联程火车票的信息通过人工方式进行统计并完成结算。因此,现阶段应该研究一站式购票、"一票式"出行的标准规范,实现旅客的便捷出行。

目前国内各大航空公司都在积极拓展涉及多运输方式的旅客联运服务,从东航的"空铁通""空巴通"的运营情况看,旅客联运已经越来越得到公众的认知和接受。旅客联运作为推进综合交通运输服务的有力抓手,需要建立跨运输方式的旅客联运票务服务平台,来实现联运票的购买、票款的清分结算,为旅客真正提供"一票到底"的旅客联运服务。

2. 跨方式行李联程联运服务的标准需求

目前国外的跨方式旅客联运过程中的行李托运,基本上都是通过一次托运来完成,承运方负责完成行李在不同运输方式间的自动流转,如日本的"徒手旅行计划",通过为行李安装 RFID 电子标签,实现行李的自动流转和承运。而目前我国的空铁、空地旅客联运,还未真正实现行李的自动转运,这里面有诸如安检、保险、赔偿、运营模式等一系列服务保障技术问题,也还存在类似于基于RFID、二维码等技术的行李自动分拣等实施技术的问题。

为提升综合运输服务效率水平,实现旅客联运中行李的一站式运输,是保障综合运输服务有效实施的关键。而解决旅客联运过程中的服务保障技术、实施技术,是有效实现跨方式行李通程联运服务的保障。

3. 旅客联程联运技术标准需求

为实现跨运输方式有效的旅客联运,首先需要构建旅客联运标准体系,规范旅客联运运营、管理过程中的一系列技术要求,在客运票务、电子客票、联运票、出行信息服务等环节实现标准化。各种运输方式都有自己一套运行成熟的标准和规范,要实现跨方式的运营服务,必须要协调和统一运营过程中的技术标准化问题。目前,由于缺少统一的联运客票标准(客票票样、电子客票)、行李托运标准(行李票样、服务规范)、联运服务标准(服务规范)等,使得目前国内旅客联运市场发展缺乏统一的规范和指导。因此,通过学习借鉴国际上先进的旅客联运技术标准,基于国内目前的运营情况和未来的发展趋势,研制有关旅客联运的客运票务、电子客票、联运票、出行信息服务等方面的技术标准,推动综合交通运输体系有序稳步发展。

4. 城市群综合客运枢纽一体化运行评价标准需求

城市群综合客运枢纽协同运行效率与服务水平,是衡量城市群客运发展水平及综合交通运输一体化的重要指标。城市群综合客运枢纽在运营管理、运行组织中,存在各层级枢纽、不同方式之间运营商和管理机构众多、协同合作结构复杂、各自服务标准互有差异等情况。当前我国正大力推进20余个城市群建设,在客运组织方面均面临着跨区域、跨方式、跨行业、跨主体的不同层级综合客运枢纽在城市群内如何协同运营实现一体化运行目标。从枢纽管理角度,缺乏从城市群一体化客运组织出发,按照不同层级、不同城市间枢纽群协同配合制定相应的评价指标;从枢纽使用者角度,目前城市群内枢纽之间多缺乏配合,旅客乘坐飞机晚点或备降时,枢纽集疏运及接驳能力不足,枢纽间信息共享程度不高,造成旅客滞留。围绕城市群内综合客运枢纽一体化运行过程中的重要环节和关键节点,结合不同类型枢纽特点及功能,从运营管理、信息服务、安全应急联动、枢纽接驳等方面,构建城市群综合客运枢纽一体化运行的评价指标体系,为城市群各枢纽的管理主体、运行主体、联程运输企业等使用。

(三)货物多式联运标准需求

现代的多式联运作为当前世界各国优先发展的一种运输组织方式,是经济高效、绿色节能的运输模式,已成为世界各国关注的热点。发达国家的多式联运从20世纪90年代开始经过了长时间的发展,已经形成了比较完整的多式联运体系,在基础设施建设、标准法规制定等方面都处于世界前列。

我国多式联运经过多年的建设与发展取得一定成就,但与发达国家相比,仍然存在很大差距。目前,交通运输部正在全面推进综合运输体系的建设,已经把开展货物多式联运试点工程作为突破口,抓住这一关键环节,有力促进综合交通运输的发展。通过对国际、国内与多式联运领域相关性较大的标准规范查询和调研分析,目前我国多式联运领域的标准化发展方向的重点为:应进一步完善多式联运标准体系,重点推进多式联运设施、装备、信息化、运营组织等方面的技术标准和服务规范的制修订。

1. 基础设施方面的多式联运标准需求

主要体现在综合货运枢纽在规划设计、建设、运营管理等方面,研究综合货运枢纽的分类、功能布局、设施设备配置等方面的基本要求,以及国内通用集装箱拆装箱站台、航空运输站场车辆滚装平台等配套设施的标准制定,科学指导综合货运枢纽的建设和服务,提高多式联运不同运输方式间基础设施的衔接水平。

2. 运输装备方面的多式联运标准需求

主要体现在运载单元、载运机具、栓固附属设备、装卸设备等。一是建立基于集装箱、半挂车等标准运载单元的设备技术标准体系,推进内陆集装箱、可交换箱、冷藏箱、可折叠式集装箱等设备标准制订,加强集装箱、可交换箱货箱等设备的标识标准化工作。二是积极支持铁路驮背运输专用平车,公铁两用挂车以及其他多式联运专用载运机具的标准研发及制定。三是加快专业滚装船舶推广和标准制订,推进铁路驮背运输、滚装运输的运载单元及其栓固设备的技术标准制定,推进甩挂运输向多式联运的渗透与深度融合。四是推进物流台车、集装袋、物流箱等集装化装卸机具、大型转运吊装设备、非吊装式换装设备的标准化。

3. 信息化方面的多式联运标准需求

主要是制定多式联运信息基础数据元标准,统一多式联运业务不同运输方式中信息交换涉及的基础数据项,为实现不同运输方式信息数据交换及电子单证应用奠定基础;在此基础上,适时制订多式联运信息数据传输、交换标准,推动各种运输方式信息资源相互开放与共享。

4.运营组织方面的多式联运标准需求

主要体现在:一是制定多式联运作业规范,研究铁水联运作业、空陆联运作业、滚装作业的操作规程,驮背运输汽车及货物栓固技术,制定邮件(快件)与铁路、民航的交接作业要求。二是加快制定国际多式联运提单以及适用于国内水路、铁路、公路运输的统一多式联运运单,统一规定票证单据样式、数据格式、责任划分、保险理赔等方面的内容。三是制定多式联运统计评价标准,为多式联运数据统计分析奠定基础。

5.多式联运经营人方面的标准需求

我国从事多式联运业务的企业众多,但能真正作为多式联运经营主体的企业还不多,主要存在以下几方面的问题:首先是我国缺乏多式联运经营人认定体系,能真正从事多式联运的企业极少;其次是这些企业有的不具备门到门的运输服务能力,通常是通过委托方式,解决异地最后短驳服务,企业也无法明确多式联运的经营范围和责任主体。多式联运经营主体缺失造成了行业服务不标准,规则不统一,信息不衔接,已经成为发展多式联运的障碍。因此,需要制定适用我国多式联运经营人基础通用要求的标准,并且对多式联运经营人运营服务进行规范。制定多式联运经营人方面的标准,可作为对多式联运经营人进行规范与管理的依据,也可为制定出台相关政策法规提供支持,这对于降低托运方运输风险、促进运输企业诚信经营和提高诚信水平具有重要作用。

6.铁水联运、公铁联运枢纽场区布局设计标准需求

铁水联运、公铁联运是目前多式联运比较普遍的联运方式,在海运和铁路运输衔接时,铁路货运列车开到港口区域,以方便货物换装,提高货物中转效率。我国铁水联运运量比例较低,而枢纽内部缺乏合理的集疏运铁路线路是重要的制约因素。目前国家正在大力推进港口集疏运铁路规划建设,由于缺少有关港口集疏运铁路专用线的选线位置、接轨条件、组织方式、枢纽总体布局要求等标准规范,造成了铁路专用线在实施过程中遇到了很大的技术难题。因此,开展铁水联运、公铁联运枢纽场区布局设计标准的研究制定非常重要。

(四)公铁复合通道及交叉设施标准需求

通过对现有标准的调查、梳理,由于在综合交通复合通道、交叉设施方面标准的缺失,给实际工程的设计、建设、运营、养护等方面带来了诸多问题。

1. 对复合运输通道相关标准的需求

由于复合型的交通运输通道对综合交通运输起到关键环节的作用,因此,选择好复合通道的位置和复合交通设施的方案类型十分重要。近些年,国内很多大江大河的跨越工程都面临着是否修建复合通道的方案论证,对修建公路桥还是铁路桥或是公铁两用桥的方案争论不休,各执己见,方案决策难以协调,也一定程度地影响到具体工程的按期实施。经过各行业内有关专家咨询,建议应该尽快研究制定公铁复合通道的技术标准,提出区域交通运输走廊内适合公路、铁路复合通道的适用性技术指标和技术条件;同时研究公铁共用通道需满足哪些关键性功能指标,从而更好地发挥公铁共用通道的综合运输效益与集约用地的优势,促进区域社会经济的发展。

2. 公路与铁路(轨道)两用隧道通用技术标准需求

公路、铁路、轨道交通均属于交通运输领域,分属不同部门建设管理,在建设过程中,执行国家和各自的标准。在规划时,受周边既有建构筑物和用地条件的限制,同时也考虑集约节约利用土地资源,经常出现彼此间线路规划重叠情况。采用公铁合建隧道的方式能够实现多种不同功能的交通体系实现通道功能共享,从而可以最大化地集约城市土地资源、减少对生态环境的破坏,同时也能缩短工期、有效降低工程造价,带来巨大的社会经济效益。2007 年建成的上海崇明长江隧道工程是高速公路与地铁合建隧道,1993 年建成的广州珠江隧道、2016 年建成的佛山汾江南路隧道都属于城市道路与地铁合建隧道。近年来,深茂铁路跨珠江口隧道工程、琼州海峡通道等一大批重大工程在开展前期研究时都要求纳入公铁合建的技术方案。因此,做好公铁合建隧道通用技术标准很有必要,可以为类似工程的实施做好技术支撑。

3. 公路与管道交叉工程技术标准需求

公路和石油、天然气输送管道等是国家重要的基础设施。"十三五"以来,随着经济继续高速增长,新增的公路、油气管道工程将持续涌现。因为油气管道多布设在公路两侧走廊带,在公路设施不断完善的情况下,大量交叉公路网,即公路与管道交叉穿(跨)越的需求日渐增加,因此管道的建设及使用已成为影响公路运营安全的主要因素之一。虽然相关部门制定了相应的规定,如《城镇燃气管道穿跨越工程技术规》(CJJ/T 250—2016)、《油气输送管道穿越工程设计规范》(GB 50423—2013)这些标准规定的内容多是从管道运输角度要求出发,且技术内容相对单一且不系统,总体上存在以下问题:①燃气管道距路面底基层的厚度与《公路路线设计规范》(JTG D20—2017)等规范的要求不一致;②对下穿方式的是否采用套管的规定不一致;③均未提出管道对公路路基稳定性影响的具体控制指标,并缺少在施工和运营过程中监测方案、监测内容及变形控制等要求。为适应综合交通运输发展新的形势,处理好公路和管道交叉的问题,维护公路和管道设施安全运行,确保公路结构及运营安全,需要制定相应技术标准。

(五)综合交通运输安全应急标准需求

1. 促进旅客联运的可持续发展,需要客运安全应急标准的支持

国家高度重视综合客运枢纽的安全发展问题。综合客运枢纽要以人为本,强化枢纽衔接和一体化运输设施配置,促进现代综合交通体系的建立,满足便捷、通畅、高效和安全的运输服务需求。我国大规模开展综合客运枢纽建设的时间不长,现有标准规范虽然给出了功能和总体规模的规定,但不成体系,且缺乏针对安全问题的全面考虑,综合客运枢纽是人流量、车流量密集的重要公共场所,其运营安全应给予更高的要求,客运安全应急标准主要包括综合客运枢纽安全与应急管理规程以及相应的安全应急监督与考核评定,保障我国新建、改(扩)建、在役综合客运枢纽运营安全,满足综合客运枢纽对突发事件的应急处置需求。

2. 提升危险货物运输安全水平,需要危险货物运输标准的支撑

近年来,危险品运输安全生产重特大事故时有发生,特别是山西"3·1"特别重大道路交通危化品燃爆事故、浙江杭州桐庐县境内化学品泄漏事故以及湖南"7·19"特别重大道路交通运输事故,引发了党中央国务院高度重视和社会广泛关注。目前危险货物运输跨方式联合运输,存在很多制约,各种运输方式均制定了适合各自运输特性的危险货物品名表、包装等规定,多式联运的转接环节,危险货物要通过更换包装等才可以运输,换装过程增大了危险货物运输的泄露等危险性,因此要加强联运危险货物运输包装、标识标签等标准要求的一致性、协调性,

加强与国际有效标准的接轨程度。

3. 提升综合交通运输作业规范水平,需要作业规范安全应急标准的支撑

目前不同运输方式,依托各自的标准化技术支撑机构,制定了相应的装卸作业规范,用以规范各自运输方式的装卸作业,但尚未见多式联运换装作业安全生产条件的行业或国家标准,现有的基本都是企业标准。随着我国多式联运的快速发展,综合交通运输作业规范标准也日益亟需,例如随着滚装运输的发展,急需制定滚装装卸作业的安全技术要求等装卸作业安全生产规范。

(六)综合交通运输信息化标准需求

通过对综合交通运输信息化标准存在问题的分析,为完善综合交通运输体系,提高运输效率和效益,需要研制以下三个方面的标准:

1. 综合交通运输信息互通互联技术标准

我国综合交通运输通用信息化标准存在三方面的问题:一是仍有许多特定的综合交通运输信息化系统的数据接口和交换标准规则处于空白状态;二是真正针对两种或两种以上运输方式的综合交通运输信息互通互联技术的标准尚未制定,三是数据存储、处理分析标准缺失。我国综合交通运输信息化系统还在发展阶段,目前阶段关于综合交通运输信息互通互联的标准需求较为迫切,因为只有将信息互通互联的标准制定好,才能为未来综合交通运输的快速发展打下良好基础。

2. 综合客运枢纽信息服务和共享标准

为了进一步满足综合客运枢纽日常运行管理的要求,更好地发挥综合客运枢纽在旅客运输乃至旅客联程联运中的作用,突显现代综合交通运输信息现行的特点,需要制定综合客运枢纽信息服务系统以及服务信息共享的技术标准,从根本上提升综合客运枢纽的建设水平,保障和规范综合客运枢纽信息服务水平。

3. 多式联运信息数据格式和交换标准

随着我国铁路里程、航空里程的不断增加、公路运输的逐步规范以及物流快递业的迅猛发展,货物多式联运的发展潜力十分巨大,但同时也存在许多需要规范和透明化的事项,如货物的准确位置、铁路车次排班、突发事件信息等。需要制定相应的货物多式联运信息数据格式和交换标准来打破壁垒,消除信息不对称,消除制约我国货物多式联运发展的瓶颈。

(七)综合交通运输支持保障标准需求

1. 综合交通运输规划类标准

为进一步推进综合运输体系建设,需要优化综合运输规划布局,做好基础设施网络、枢纽的优化布局和功能衔接,加强与国土、城乡等专项规划的衔接,充分发挥综合运输规划对各运输方式专项规划及重大建设项目的指导作用。但是迄今为止,综合交通运输规划的编制在发展指标确定、内容深度等方面存在很大的差异性,已经影响到前后规划的衔接性和规划质量和作用。①指标可比性不足。综合交通运输规划一般会在基础设施、运输服务等方面提出一些发展类指标和评价类指标,但是各地已有的规划编制对这些指标的分类选取和数量确定方面差异很大,并缺乏一定的连续性,造成这些规划在横向和纵向上缺乏可比性。而且这些指标在发展规律性不够明显,导致发展导向性不够清晰。②规划内容深度不一。由于规划工作形式的差异,各省市对综合交通运输规划的发展现状、发展目标、规划任务等内容的定位描述均存在较大的差距,而且这些规划的系统性、丰富性和具体性等方面都存在明显的区别。

我国在单一运输方式的路网或者枢纽的规划方面已经出台了一些标准和文件要求,如《城市轨道交通线网规划编制标准》(GB/T 50546—2009,已作废)、《城市道路交通规划设计规范》(GB 50220—1995,已作废)、《民用机场总体规划编制内容及深度要求》(AP-129-CA-01-R1)、《公路网规划编制办法》(交规划发〔2010〕112号)、《公路运输枢纽总体规划编制办法》(交规划发〔2007〕365号)。但是,在综合交通运输体系规划方面,还缺乏统一的标准要求,相应的规划报告编制还处于摸索阶段,各地区在规划的编制体例和内容深度上存在较大差异,难以进行有效的评估和横纵向比较,缺乏成套标准性的范式,影响规划编制的科学性和有效性。

2. 综合交通运输评价类标准

目前,在构建综合运输体系上面临的一个突出问题就是很难准确地衡量综合运输服务的绩效水平。不仅运输服务提供者难以量化自己的服务质量,而且政府管理部门也缺乏评价运输服务的手段。而这就直接影响到了推进运输服务的精细化管理,加快培育综合运输服务市场,完善运输市场的准入、退出机制。

为了对综合运输服务进行科学的量化评价,需要设计一整套的评价指标体系和相应的评价方法。然而,现行与交通运输相关的评价标准多是针对单一运输方式,缺乏综合性的评价标准和规范,具体体现在:①对不同交通方式的运输服务质量评价标准不统一。②缺少对两种及以上交通运输方式的能源消耗、节能减排评价效益标准,标准规范体系尚不完善,在衡量综合交通运输节能减排目标时缺少可遵循的依据。③缺少综合交通运输的绩效评估标准,尤其是缺少综合交通运输社会经济效益的评价指标体系和评价方法。以往交通主管部门多是强调交通基础设施建设,忽略了对交通运输社会经济效益的客观评价,导致交通运输在提高社会经济效益中的地位作用得不到充分体现,并由此带来行业发展状况模糊、发展方向不明确、投融资困难等一系列问题。④缺乏区域综合交通运输方面的定性与定量评价指标。当前我国区域经济发展进入新的活跃时期,呈现出一些引人注目的新动向,而区域综合交通运输评价指标的缺失,将使得区域综合交通运输一体化发展的思想仅停留在概念上,不利于综合交通运输管理体制的完善以及综合交通运输规划执行力和运输效率的提高。⑤综合客货运枢纽运营服务的评价标准尚属空白,由此产生各交通方式间换乘服务水平不一致、安全应急分散独立、联动效果差等弊端。

3. 综合交通运输统计类标准

以往,我国交通运输领域统计指标和方法大多是单一运输方式的指标和方法,而针对整个运输链条的综合运输统计指标尚未见到。由于综合运输统计指标还存在统计口径、统计范围和换算方法等问题需要深入研究,不能将单一运输方式的指标简单相加用来反映综合运输的发展水平。

从标准层面来看,我国已经出台了各类统计标准,对统计指标的分类和代码、统计方法、统计报表等方面进行规范,领域涵盖铁路、公路、水运、民航等单一运输方式,以及城市交通、邮政、物流等交叉领域,但是,在两种及以上运输方式的数据统计上,还缺乏相应的标准进行规范,存在数据源不统一、统计口径不统一等问题,导致无法全面准确地评价综合运输的发展情况。具体来说:①缺乏综合运输统计指标体系以及综合统计报表,难以系统地计算综合交通运输量,科学地评价综合交通运输服务水平;②缺乏综合客运枢纽和综合货运枢纽能源能耗统计指标和计算方法,难以准确核算节能减排量;③缺乏多式联运业务统计制度、统计分类、统计范围和统计报表体系等管理标准,不利于多式联运企业的业务统计、企业资质和等级评估及行业主管部门对企业进行规范与管理。

4. 综合交通运输监督考核类标准

综合交通运输标准化工作中,监督考核是重要一环,它是促进运输服务提升的重要保证。目前,我国综合运输的监督考核还缺乏量化统一的指标。而且随着综合运输体系建设的深入,监督考核的内容也在逐步深化和扩展,传统的监督考核内容已经不能完全适应交通运输新形势、新业态的发展。

对交通运输主管部门来说,依照规范标准对综合运输体系建设进行监督考核是提供规范化的运输服务,充分体现综合运输服务能力和水平,建设群众满意交通的必要手段。因此,有必要出台相应的服务监督标准和量化统一的监督考核指标,逐步形成规范化、数据化、标准化的服务质量监督管理体系,进而有效地促进交通运输行业服务能力和服务水平的提升。

(八)综合交通运输装备与产品标准的需求

我国综合交通运输装备与产品主要体现在客运和货运两个方面,客运重点体现在旅客联运过程中对相关换乘设备、设施的标准需求;在货运方面,当前国家、行业比较重视,交通运输部、外交部、国家发展和改革委员会等18个部门联合发布的《关于进一步鼓励开展多式联运工作的通知》(交运发〔2016〕232号)中指出:"加强专业化联运设备研发。鼓励企业研发应用跨运输方式的吊装、滚装、平移等快速换装转运专用设备。研发铁路驮背运输专用载运工具、半挂车专用滚装船舶等专业化装备和配套机具。丰富联运服务产品。加强冷藏集装箱、罐式集装箱等专业化多式联运,发展集装箱箱管、半挂车车管、标准托盘和运输包装循环共用。"有效提高综合交通运输体系的运输效率和效益,达到节能减排的目标。

根据多式联运发展形势和要求,我国多式联运运输装备标准需求主要体现为研制多式联运运输装备框架下半挂车、可交换箱货箱等装载单元标准及相关互换性标准,研制多式联运运输装备换装及作业规程标准,研制驮背公铁联运甩挂运输技术装备标准,研发滚装陆海联运甩挂技术装备标准,研制公铁联运所需的各种联运辅助性产品装置和技术标准,进一步完善海铁联运技术装备方面的标准等。

第七章 我国综合交通运输标准体系框架构建

一、政策依据

依据《中央编办关于交通运输部有关职责和机构编制调整的通知》（中央编办发〔2013〕133号）中关于综合交通运输标准的管理工作职责，以及国家发展和改革委员会制定的《"十三五"现代综合交通运输体系发展规划》（国发〔2017〕11号）》、《交通运输部关于推进综合运输体系建设的指导意见》（交规划发〔2011〕301号）及中共中央、国务院2019年印发的《交通强国建设纲要》对标准化工作的总体要求。结合综合交通运输标准化发展需求和趋势分析，遵照《交通运输标准化管理办法》（交通运输部令2019年第12号）、《标准体系表编制原则和要求》（GB/T 13016—2009）、《关于对标准体系表的编写及格式统一要求的通知》等要求，确定我国综合交通运输标准体系框架、标准体系明细表格式。

二、理论依据

（一）基于系统论的标准体系构建

1. 系统论起源

系统思想源远流长，但作为一门科学的系统论，人们公认是美籍奥地利人、理论生物学家 L. V. 贝塔朗菲(L. Von. Bertalanffy)创立的。他在1932年发表"抗体系统论",提出了系统论的思想。1937年提出了一般系统论原理,奠定了这门科学的理论基础。但是他的论文《关于一般系统论》,到1945年才公开发表,他的理论到1948年在美国再次讲授"一般系统论"时,才得到学术界的重视。确立这门科学学术地位的是1968年贝塔朗菲发表的专著《一般系统理论基础、发展和应用》(《General System Theory; Foundations, Development, Applications》),该书被公认为是这门学科的代表作。

协同理论是系统科学的重要分支理论,协同理论(synergetics)亦称"协同学"或"协和学",是20世纪70年代以来在多学科研究基础上逐渐形成和发展起来的一门新兴学科。其创立者是联邦德国斯图加特大学教授、著名物理学家哈肯(Hermann Haken)。1971年他提出协同的概念,1976年系统地论述了协同理论,发表了《协同学导论》,还著有《高等协同学》等。

2. 定义及内容

系统可以定义为:由若干要素以一定结构形式联结构成的具有某种功能的有机整体。一个系统包括要素与要素、要素与系统、系统与环境三方面的关系。系统论反映了现代科学发展的趋势,反映了现代社会化大生产的特点,反映了现代社会生活的复杂性,所以它的理论和方法得到广泛的应用。系统论认为,开放性、自组织性、复杂性、整体性、关联性、等级结构性、动态平衡性、时序性等是所有系统共同的基本特征。这既是系统所具有的基本思想观点,而且也是系统论方法的基本原则,表现了系统论不仅是反映客观规律的科学理论,还具有科学方法论的含义。

协同论是研究不同事物共同特征及其协同机理的新兴学科,是近十几年来获得发展并被广泛应用的综合性学科。它着重探讨各种系统从无序变为有序时的相似性。协同论的创始人哈肯说过,他把这个学科称为"协同学",一方面是由于我们所研究的对象是许多子系统的联合作用,另一方面,它又是由许多不同的学科进行合作,来发现自组织系统的一般规律。

3. 应用系统论构建标准体系

交通运输大系统包括多个子系统,每个独立的系统都有其特点。本书研究中,我们将交通运输技术标准体系看作一个大系统,将各种运输方式的子标准看作这个大系统内部的小系统,各个子系统包涵各个特定要素,通过对子系统的研究来实现整个交通运输标准体系大系统的研究,大系统和子系统的相互关系见图 7-1。大系统中的子系统之间,既相互独立又彼此联系,例如公路、铁路、水路运输和民航运输本质上均承担着客货转移的基本任务,但是因为运载工具、交通基础设施、管理部门等的不同,系统之间差异明显,为了构建综合交通运输体系,使得各运输方式子系统之间具备良好的衔接,从而构成统一协调的综合交通运输链,因此我们基于一般系统结构理论,从整体的综合交通运输的共同目标出发,抓住系统环境、系统结构和系统行为以及它们之间的关系及规律这些一切系统都具有的共性问题,寻找各系统衔接的瓶颈,例如系统接口、设施衔接、综合服务、协调管理、综合统计等标准,寻找系统衔接的根本性的要素,逐个建立标准规范和工作机制,形成统一的、有机衔接的综合交通运输技术标准体系。

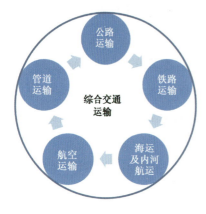

图 7-1 综合交通运输标准体系大-子系统关系

综合交通运输标准体系的构建研究可采用系统分析方法,力求做到标准体系的结构优化、层次清晰、分类明确、有机协调,与相关国家标准和行业标准相协调。综合交通运输标准体系构建的理论与方法路线图见图 7-2。

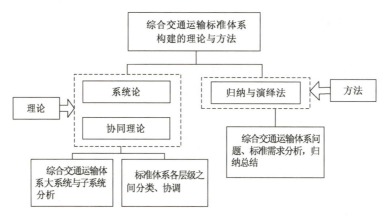

图 7-2 综合运输标准体系构建的理论与方法路线图

(二)基于综合交通运输标准体系概念内涵的基础框架

通过第二章对综合交通运输体系概念内涵的研究分析,认为综合交通运输标准体系是指两种及以上交通运输方式衔接协调和共同使用的标准,涉及铁路、公路、水路、民航运输方式和邮政、城市交通、物流等交叉领域的标准。因此,综合交通运输标准的范围应该包括基础设施建设、运输服务、运输装备和支持保障四个方面,又可以细分为综合客货枢纽、复合通道交叉设施、旅客联运、多式联运、运输装备等十几个领域。因此,综合交通运输标准体系基础框架图初步结构见图7-3。

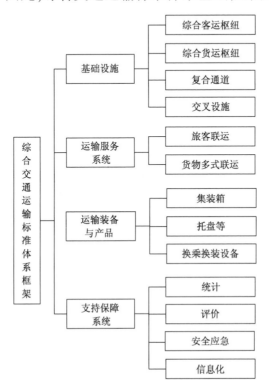

图7-3 综合交通运输标准体系基础框架图

三、构建原则

综合交通运输标准体系的构建旨在解决各运输方式协调衔接和共同使用的标准,是开展综合交通运输标准化工作的指导性文件;同时,综合交通运输标准体系的构建要尽可能地考虑到综合交通运输系统建设的方方面面,并且在未来具体实施的过程中具有较强的适用性。因此,综合交通运输标准体系的构建遵从系统性、协同性、包容性及可行性四大原则。

1. 系统性原则

综合交通运输系统主要由综合交通运输基础设施、运输组织、运输装备和支持保障四方面组成。其中基础设施主要包含了综合客运枢纽、综合货运枢纽、复合通道及交叉设施等方面;运输组织则包含了货物多式联运和旅客联程联运两方面内容;运输装备主要考虑了货物多式联运中所涉及的多式联运装备、换装设施以及旅客联程联运所涉及的换乘装备、换乘实施;支持保障系统包含了综合交通运输体系规划、系统性评价、统计以及安全应急、信息化等相关内容。

2. 协同性原则

综合交通运输所涉及的货物多式联运和旅客联程联运主要关注不同运输方式换乘换装过程中的协调衔接问题,因此综合交通运输标准体系构建需要遵照"协同性原则"。即综合交通运输标准体系所涉及的综合交通运输标准定位为两种及以上运输方式协调衔接和共同使用的标准,涵盖铁路、公路、水路、民航及邮政等交叉领域。各运输方式单独使用和单一服务所涉及的标准不纳入综合交通运输标准体系范畴。

3. 包容性原则

由于历史的原因,目前交通运输行业内、外的部分标准化技术委员会的标准体系中,也涉及综合交通运输标准。如全国集装箱标准化技术委员会中针对集装箱装备、集装箱电子数据交换报文等提出了系列标准;全国物流标准化技术委员会针对多式联运服务质量、全国货运代理标准化技术委员会针对国际多式联运提单都提出了若干标准。建议,在综合交通运输标准体系构建过程中,应将已有交通行业标准化技术委员会制定的标准纳入了标准体系,同时宜将交通运输行业以外标准化技术委员会制定的相关标准适时纳入综合交通运输标准体系的相关标准中。综合交通运输标准体系的构建旨在指导全领域综合交通运输标准化工作,应该更多地遵从"包容性原则"。

4. 可行性原则

目前的综合交通运输标准体系中纳入的标准都是目前行业发展综合交通运输过程中亟待解决,也是有一定案例的相关标准。特别是针对目前综合交通运输体系建设中的综合客运枢纽建设运营、货物多式联运的运营组织等重点领域进行系统性梳理总结。在旅客联程联运等领域所梳理的标准具备一定的前瞻性,但也是基于目前行业发展趋势分析进行的总结。综合交通运输标准体系构建过程中遵从"可行性原则",旨在研制的综合交通运输标准体系具有较强的可实施性。

四、标准分类

建设和完善我国综合交通运输体系分为基础设施、运输设备、运输服务和支持保障四个方面,按照中国国家标准化管理委员会公告(2018 年第 6 号公告)即《国家标准委关于成立全国综合交通运输标准化技术委员会等 4 个技术委员会的公告》文件精神,将综合交通运输按照业务领域划分,综合交通运输标准体系包括基础设施部分的综合客运枢纽、综合货运枢纽和复合通道及交叉设施;运输服务部分的旅客联程运输、货物多式联运衔接;装备和产品部分的运载单元、专用载运工具、快速转运设备、换乘换装设备;支持保障部分的统计、评价、安全应急与信息化等领域的国家和行业标准。

按照标准性质划分,综合交通运输标准体系可分为基础标准、服务标准、建设标准、装备和产品标准、支持保障标准五大类。

一是综合交通运输基础标准,包含术语和符号、分类与编码两类标准。术语和符号标准主要用于定义和规范综合交通运输相关术语和符号;分类与编码标准主要用于规范综合交通运输相关的类别和编码规则。

二是综合交通运输服务标准,主要包括服务类通用标准以及综合客货运枢纽服务、旅客联程联运、货物多式联运衔接、安全和信息化、统计与评价等服务标准。

三是综合交通运输基础设施标准,包含综合客运枢纽、综合货运枢纽和复合通道及交叉设施的建设标准。

四是综合交通运输装备与产品标准,主要包括装载单元标准、专用载运工具标准、换乘换装设备标准。

五是综合交通运输支持保障标准,主要包括统计、评价、安全应急与信息化标准。

五、标准体系框架设计

基于前面的综合交通运输标准体系构建的理论依据、原则和标准分类,为突出综合交通运输的安全、信息化标准的作用,将安全应急标准、信息化标准和统计评价标准从服务标准中分离出来,分别单独列出一个层级,在 2015 年发布的综合交通运输标准体系和 2018 年提出的综合标准体系的基础上,考虑邮政业标准的完整性，增加邮政业服务信息化标准和运输装备和产品标准。经综合分析研究，综合交通运输标准体系由七个层级（标准类型）组成，即基础标准100、运输服务标准200、工程设施标准300、安全应急标准400、信息化标准500、统计评价标准600、运输装备和产品标准700。详见图7-4。

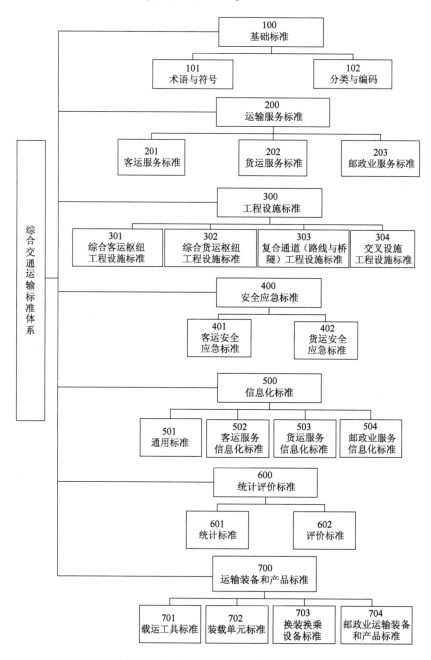

图7-4 综合交通运输标准体系结构图

基础标准100主要包含术语和符号、分类与编码两类标准。术语和符号标准主要用于定义和规范综合交通运输相关一系列术语和符号;分类与编码标准主要用于规范综合交通运输相关的类别和编码规则。

运输服务标准200主要包括:客运服务标准(综合客运枢纽、旅客联程联运)、货运服务标准(综合货运枢纽、货物多式联运)以及邮政业服务标准。

工程设施标准300主要包括:综合客运枢纽、综合货运枢纽和复合通道及交叉设施的技术标准。

安全应急标准400主要包括:旅客联程联运和货物多式联运过程中的客运、货运安全应急相关标准。

信息化标准500主要包括:客运服务(客运枢纽、旅客联程联运)、货运服务(货运枢纽、货物多式联运服务)以及邮政业服务相关信息化标准。

统计评价标准600主要包括:综合交通运输统计、评价、监督考核相关技术标准。

运输装备和产品标准700主要包括:载运工具标准、装载单元标准、换装换乘设备标准和邮政业产品装备标准。

相关标准900主要是相关标准化技术委员会已制定的与综合交通运输相关的标准。

标准体系框架中的类别及说明详见表7-1。

标准体系框架中的类别及说明　　　　　　　　表7-1

序号	标准类别	标准内容说明
1	100 基础标准	在本专业领域具有广泛适用范围或一个特定领域的通用条款的标准。基础标准在一定范围内可以直接应用,也可以作为其他标准的依据和基础,具有普遍的指导意义。基础标准主要包括:术语、符号、代号、代码、制图规则等
2	200 运输服务标准	规定服务应满足的要求以确保其适用性的标准,服务和管理类有关标准都可以划入这一类别。 用于两种或两种以上运输方式组合运输(旅客联程联运和货物多式联运,包含邮政业)共同遵守的服务标准
3	300 工程设施标准	设施标准是对综合交通运输相关设施规定共同的和重复使用的规则、导则或特性的文件。包括勘察、设计、施工安装、验收、使用、维护及管理等多个环节的标准规范。 用于两种或两种以上运输方式组合衔接设施(综合客货运枢纽、交叉设施和复合通道等)的标准
4	400 安全应急标准	安全应急标准是针对综合客货枢纽运营管理、旅客联程联运、货物多式联运过程中安全应急相关标准

续上表

序号	标准类别	标准内容说明
5	500 信息化标准	信息化标准是开展综合交通运输运营服务(包含邮政业运营服务)等相关的信息化标准
6	600 统计评价标准	综合交通运输体系建设相关统计、评价、监督考核等标准
7	700 运输装备和产品标准	规定产品应满足的要求,包括产品的技术要求和试验方法等,以确保其适用性的标准。对设施设备等提出的技术要求和试验方法等的标准应包含在本类别中。用于两种或两种以上运输方式客货运输(含邮政业)中的载运工具、装载单元、换乘换装设备等产品标准
8	900 相关标准	相关标准化技术委员会中已有的与综合交通运输相关的标准

六、综合交通运输标准体系明细表说明

(一)总体概况

综合交通运输标准体系分类汇总了综合交通运输领域现行的国家标准、行业标准,以及根据综合交通运输发展需求而提出的拟制定标准项目。

按照研究提出的标准体系框架设计图,根据对我国综合交通运输标准需求的调研结果分析,研究提出了我国综合交通运输标准近远期标准体系表(2015年),基于本书研究项目成果基础,支持交通运输部发布《综合交通运输标准体系(2015年)》,文件内容详见附件1,其标准体系统计表见表7-2。

综合交通运输标准体系统计表(2015年版) 表7-2

代码	分类	已发布项目数		新增项目数		合计
		国标	行标	国标	行标	
100	基础标准	4	1	0	9	14
101	术语与符号	2	0	0	5	7
102	分类与编码	2	1	0	4	7
200	运输服务标准	1	1	0	17	19
201	客运服务标准	0	0	0	7	7
202	货运服务标准	1	1	0	6	8
203	邮政业服务标准	0	0	0	4	4
300	工程设施标准	0	0	0	16	16

续上表

代码	分类	已发布项目数		新增项目数		合计
		国标	行标	国标	行标	
301	综合客运枢纽工程设施标准	0	0	0	5	5
302	综合货运枢纽工程设施标准	0	0	0	2	2
303	复合通道(路线分析)工程设施标准	0	0	0	6	6
304	交叉设施工程设施标准	0	0	0	3	3
400	安全应急标准	0	0	0	6	6
401	客运安全应急标准	0	0	0	1	1
402	货运安全应急标准	0	0	0	5	5
500	信息化标准	5	6	0	22	33
501	通用标准	0	4	0	10	14
502	客运服务信息化标准	0	0	0	4	4
503	货运服务信息化标准	5	2	0	2	9
504	邮政业服务信息化标准	0	0	0	6	6
600	统计评价标准	0	0	0	8	8
601	统计标准	0	0	0	2	2
602	评价标准	0	0	0	6	6
700	运输装备和产品标准	8	1	0	8	17
701	载运工具标准	1	1	0	3	5
702	装载单元标准	7	0	0	3	10
703	换装换乘设备标准	0	0	0	1	1
704	邮政业运输装备和产品标准	0	0	0	1	1
	综合交通运输标准合计	18	9	0	86	113
900	相关标准合计	23	5	0	0	28
	总计	41	14	0	86	141

综合交通运输标准体系(2015年)中的综合交通运输标准113项,其中现行的国标18项、行标9项,其余为需要研制的标准86项,均定暂为行业标准,待后期适宜标准再申报国家标准,另统计出相关标准28项。

由于标准化是一个动态的发展过程,根据我国交通运输行业管理的需要和专业领域的扩充不断变化更新,因此,随着全国综合交通运输标准化技术委员会的成立,2018年又对该体系表进行了修订和调整,详情见附件2《综合交通运输标准体系表(2018 版)》。2018 年更新后的标准体系情况为:综合交通运输标准 103 项,其中现行标 24 项,新增标准 79 项,暂定均为国标,后期根据国标委审核情况再具体确定。

(二)其他说明

标准体系明细表中宜定级别指该标准宜制定为国家标准或行业标准。

——"GB/T"指该标准宜制定为国家推荐性标准;

——"JT"指该标准宜制定为交通行业强制性标准;

——"JT/T"指该标准宜制定为交通行业推荐性标准;

——"YZ/T"指该标准宜制定为邮政行业推荐性标准。

标准体系明细表的标准排列顺序遵循以下原则:

——国家标准在前,行业标准在后;

——强制性标准在前,推荐性标准在后;

——现行标准在前,拟制定标准在后;

——业务内容相近的标准集中排列;

——不同行业的标准按标准代号首字母顺序排列;

——同一行业的标准按照标准号顺序排列。

第八章 综合交通运输标准制定案例及成效

作为综合交通运输标准体系构建的实践支撑,本章列举了多式联运、工程设施领域的综合交通运输标准研制案例分析和标准实施成效,供标准研制工作参考。

一、《国内集装箱多式联运运单》标准制定案例

(一)编制背景与任务来源

近年来,我国出台了一系列政策措施指引我国的多式联运发展,多式联运提升至历史未有的高度。2013年6月,交通运输部发布《关于交通运输推进物流业健康发展的指导意见》(交规划发〔2013〕349号),将多式联运作为行业发展的重中之重。2014年出台的《物流业发展中长期规划(2014—2020)》,将多式联运作为物流业发展的十二项重点工程之首。2015年6月,国家发展和改革委员会与交通运输部联合下发了《关于开展多式联运示范工程的通知》(交运发〔2015〕107号),鼓励发展海铁、铁水、陆空联运等多种形式。2017年,交通运输部等十八个部门发布了《关于进一步鼓励开展多式联运工作的通知》(交运发〔2016〕232号),以推动多式联运进一步发展。

作为多式联运"一单制"的核心要素,运输单证是多式联运中不可或缺的重要环节,是实现信息化流转的实际载体之一,也是货物承兑的重要法律凭证。目前国内各企业的运输单证没有统一的标准,各运输方式间的单证也无法进行有效衔

接,货物在更换运输方式尤其是铁路时,需要二次"起票"(铁路货票和铁路运单)。此外,多式联运还涉及海关、检验检疫、保险等主管部门,不同主管部门分别执行不同体系的单证。各个运输方式所涉及单据内容重复性比较高,铁路运单、订舱托运单、场站收据、海运提单、报关报检单有近90%的内容是一致的,例如:收发货人的姓名、地址、联系方式,以及货物的品类品名、重量,集装箱箱型箱号等基本信息,需要发货人向各个运输主体重复填制提交。这些单证在业务办理、保险索赔、法律责任等方面存在不同的处理方式,在转换运输工具时,必须更换单证,既降低了作业效率,又增加了运输成本。因此,需要统一规范铁路、公路、水路等各运输方式运单,有必要制定统一的多式联运运单标准。

×××年《交通运输部关于下达×××年交通运输标准化计划的通知》(交科技函〔×××号〕下达了制定"国内集装箱多式联运运单标准"行业标准的工作计划(计划编号:×××)。

标准性质:推荐性行业标准;

主管部门:交通运输部;

归口单位:全国综合交通运输标准化技术委员会;

起草单位:×××;

完成时间:××××。

(二)标准制定的目的及意义

集装箱适用于水路、公路、铁路等运输方式,以集装箱为运输单元的多式联运可以提高运输效率,实现门到门运输,在运输中不需要换装,可以减少中间环节及换装可能带来的货物损坏。近年来,我国集装箱多式联运形成了相对完善的内陆集疏运网络和比较正规化、现代化、国际化的多式联运经营管理系统。提高转运效率的基础之一是联运标准规范化,运单正是重要的环节。本标准旨在明确运单性质、功能、格式和信息内容、使用等,本标准的制定有利于国内集装箱货物运单实行标准化管理、记载相关集装箱多式联运运输事实;推行统一的运单格式。

本标准的制定有助于促进国内多式联运发展,提高运输组织效率,降低全社会物流成本,对多式联运经营人、托运人来讲能显著提升效率,减少企业成本;本标准的制定有助于促进铁路、公路、水运联合运输,发挥铁路、公路、水运的优势,促进铁路、水运等能耗低、社会环境友好的运输方式承担更多的运输,促进综合交通运输结构的优化和合理分工。

(三)标准制定原则

1. 制定原则

(1)从多式联运系统角度出发,梳理、研究国际与国内相关法律法规,分析多式联运运单的性质、功能。

(2)结合多式联运系统下多式联运经营人与各承运人(铁路、公路、水路)业务流程、模式,分析现有单一运输方式运单的结构和内容,提出多式联运系统下集装箱多式联运运单信息内容和格式,旨在规范国内多式联运运单内容和格式,并能在实际应用中逐步得到应用推广。

(3)在推荐的纸质运单的同时,兼顾未来多式联运电子化流转需要。

2. 标准编制考虑的因素

1)注重与单一运输方式相关规章制度的衔接

本标准制定主要目的是统一国内集装箱多式联运运单,解决各种运输方式(公路、水路、铁路)联运效率不高问题,实现"无缝衔接""一单到底"等目的。现行有效的相关的规章制度主要有《铁路货物运输规则》《国内水路集装箱货物运输规则》以及《海上国际集装箱货物交付单证》(GB/T 18156—2000)、《铁路货物运单和货票填制办法》等,在基本内容上具有很多的相似性,如收发货人信息,货物信息,托运人、承运人记载事项,费用,收、发、承运信息等,但也存在一定的差异性,如概念上差异、责任条款和期限差异、运到时限、保价与保险等。因此,本标准可以看成是单一运输方式运单的有效合并和调整,重点从格式、信息和操作流程方面进行统一。

2)注重与国家法律的衔接

在前文中已提到,与国内多式联运相关的法律主要有《海商法》和《合同法》。《海商法》适用范围海上货物运输,但有关海上货物运输合同的规定,不适用于中华人民共和国港口之间的海上货物运输。因此,在严格意义角度,仅有《合同法》第十七章第四节"多式联运合同"五条规定适用于国内集装箱多式联运规定。因此,在本标准制定过程中,研究分析了国际多式联运和我国国际多式联运相关法律、规章制度规定,旨在研究提出的国内集装箱多式联运运单具有一定的适用性、可行性、兼容性、实用性。

3)反映、优化集装箱多式联运作业和管理流程

以集装箱运输为基础的多式联运,在现代物流中已越来越呈现其独特的优势,并且发挥着更大的作用。本标准的制定目的在于一定程度上反映、优化集装箱多式联运作业和管理流程,通过多式联运运单号、箱号等内容实现多式联运统计、分析与管理。

综上所述,本标准制定结合国际、国内相关法律法规要求,结合单一运输方式运单管理现状和要求,集装箱多式联运业务流程,对单一运输方式(铁路、公路、水运)运单合并和调整,提升运转效率,促进集装箱多式联运发展。

(四)标准的范围及主要内容说明

本章标准制定案例重点介绍标准内容制定的依据,标准正文内容详见《国内集装箱多式联运运单》(JT/T 1244—2019)。

1. 标准范围

本标准适用于国内集装箱多式联运运单的设计与应用。本标准是多式联运单证标准,主要规定了国内集装箱多式联运运单的组成、运单的格式及使用,实际应用中运单样式和内容可根据需要由运单管理部门或者多式联运经营企业适当调整。

本标准通过明确运单的样式和内容,一定程度上有助于推动国内集装箱多式联运向纵深方向发展。除了运单之外,促进国内集装箱多式联运发展,还需要加强体制机制建设、创新运输组织模式、推动信息交互共享等举措。

2. 主要内容说明

1)多式联运运单性质特征分析

《国际货约》第11条第3款规定:"加盖戳记后的运单应为运输合同的证明。"《国际货协》第8条第6款规定:"运单在加盖戳记之后,即是运输合同的缔结凭证。"《铁路货物运输合同实施细则》(1986年11月8日国务院批准,1986年12月1日铁道部发布),根据2011年1月8日《国务院关于废止和修改部分行政法规的决定》(修订)第3条规定:"托运人利用铁路运输货物,应与承运人签订货物运输合同。"第4条第2款规定:"零担货物和集装箱货物运输,以货物运单作为运输合同。"第5条规定:"零担货物和集装箱货物的运输合同,以承运人在托运人提出的货物运单上加盖车站日期戳后,合同即告成立。"铁总2017年12月1日新版的铁

路货物运单,定义为铁路运单是铁路货物运输合同或运输合同的组成部分。《水路货物运输合同实施细则》第三条和第四条"大宗物资,可按月签订的货物运输合同,运输合同或以运单作为运输合同……在实际办理货物承托手续时,托运人还应向承运人按批提出货物运单,作为运输合同的组成部分","零星货物运输,以货物运单作为运输合同"。可见,不同情况下,不同运输方式运单具有特定的性质,但不外乎作为一种法律凭证(运输合同或运输合同的凭证),表现为一种承托关系。

因此,国内集装箱多式联运运单性质为多式联运经营人与托运人、各区段的承运人开展集装箱多式联运的合同凭证或组成部分,应记载集装箱货物信息、多式联运参与方信息及各区段的承运人承运信息。

2)多式联运运单组成和功能

多式联运运单宜采用一式四联,即由托运人留存联、多式联运经营人留存联、集装箱多式联运流转联、收货人留存联组成(含国内集装箱多式联运货物清单):

(1)托运人留存联:托运人与多式联运经营人订立集装箱多式联运合同的证明;多式联运经营人接收集装箱货物的证明。

(2)多式联运经营人留存联:多式联运经营人与托运人订立集装箱多式联运合同的证明;多式联运经营人确认收货人收到货物的证明。

(3)集装箱多式联运流转联:跟随并记载集装箱全程运输的事实和货物交付凭证。

(4)收货人留存联:收货人收到货物的证明。

3)运单格式和说明

给出运单格式的纸张要求、图文区尺寸、运单字体号,并进行相关说明。

(1)国内集装箱多式联运运单正面内容

参考《铁路和水路货物联运规则》《公路货物运输规则》《水路货物运输规则》《铁路货物运单》《海上国际集装箱货物交付单证》《国内水路集装箱货物运输规则》等,结合国内集装箱多式联运业务流程,提出运单性质、结构和功能,使用及主要项目说明。

①多式联运经营人部分包括:

多式联运经营人标识;

多式联运经营人名称;

多式联运经营人网址;

运单号；

多式联运经营人地址,经办人姓名、手机号码和电子邮箱；

多式联运经营人记事；

多式联运经营人签章。

②托运人部分包括：

托运人信息,包括名称、住所、电子邮箱及电话,签字(盖章),记载事项；

收货人信息,包括名称、住所、电子邮箱、电话；

始发地、目的地信息；

货物信息,包括集装箱箱型、集装箱号、集装箱施封号,货名,体积,件数,包装,集装箱重量,货物重量,总重量；

托运人加封；

运到期限。

③区段的承运人部分包括：

区段的承运人信息,包括名称、住所、电子邮箱及联系电话；

接受时间、地点,运到期限；

区段的承运人承运日期戳,经办人签章；

预留设置区。

(2)国内集装箱多式联运运单背面内容

通过搜集、分析《铁路和水路货物联运规则》《公路货物运输规则》《水路货物运输规则》《铁路货物运单》《海上国际集装箱货物交付单证》《国内水路集装箱货物运输规则》《快递运单》背面条款、京东面单、菜鸟面单服务协议,由于相关多式联运法律法规、多式联运规则尚未出台,为避免本标准在使用过程中发生冲突。因此,本标准给出了背面条款的框架内容,而非给出每项具体内容。

基于上述分析,国内集装箱多式联运运单背面条款主要包括必备内容和可选内容两部分。

必备内容包括:适用的法律法规、托运人如实填报运单内容、承运人承运范围及责任条款(声明)、承运人责任期间条款、禁运或者限运集装箱货物、安全检查、提货注意事项、赔偿约定、免责声明、集装箱货物查验。

可选内容包括:收费、保价及保险及其他需明示的内容。具体条款,集装箱多式联运承运人可根据实际情况给出相应的规定和要求。

3. 运单的使用

1）国内集装箱多式联运业务流程分析

国内多式联运业务流程大致可分为两种情况。一种是现实状态下业务流程，在目前尚无明确的法律法规明确多式联运相关定义、性质的前提下，由多式联运经营人充当各区段托运人和收货人，负责将货物交给各区段承运人，货物运至指定交付地点后，由多式联运经营人本人或其委托人或委托他人确认收货，并将货物交至下一承运人，具体见图 8-1，即多式联运经营人需与不同承运人签订运输合同，在不同运输方式之间发挥组织或衔接作用。另一种是理想状态下业务流程，在未来相关法律法规完备前提下，各区段承运人成为一个综合交通运输整体，打破管理体制、运输规则上的界限，适用统一的运输法律法规，各承运人之间可自动交接流转，无需多式联运经营人多次充当托运人、收货人与各区段承运人进行交付，多式联运经营人只需在起运地、目的地进行交付、收货即可，具体见图 8-2。

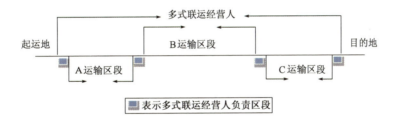

图 8-1 有多式联运经营人的集装箱多式联运业务流程

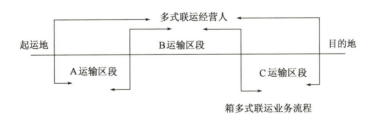

图 8-2 无多式联运经营人的集装箱多式联运业务流程

国内集装箱多式联运有别于国际集装箱多式联运，国际集装箱多式联运涉及多国法律法规，很难达成一致，形成共同的多式联运规则，而国内集装箱多式联运则需打通各种运输方式之间的运输规则、管理障碍，极有可能实现无多式联运经营人的集装箱多式联运业务流程状态。

2)标准的使用

(1)托运人委托多式联运经营人运输集装箱货物,由多式联运经营人填制集装箱多式联运运单,经托运人、多式联运经营人确认信息无误后,双方应签字盖章。托运人留存联交给托运人留存,多式联运经营人留存联由多式联运经营人留存。

(2)多式联运经营人委托区段承运人运输集装箱货物。

(3)区段的承运人承运多式联运集装箱货物时,应填写相关区段运单号(或合同号)、实际承运的运输方式、接收和交付集装箱货物的地点和时间,在收货人留存联上加盖区段的承运人签章。

(4)集装箱多式联运流转联、收货人留存联应随集装箱货物从起运地流转至目的地。

(5)目的地的承运人交付货物时,应将收货人留存联交给收货人。

(6)集装箱多式联运流转联在收货人签字后,应返至多式联运经营人。

二、《公路铁路并行路段设计技术规范》标准制定案例

(一)标准来源

根据交通运输部发布的"关于下达××××年交通运输标准化计划的通知"(交科技发×××号),下达了制定《公路铁路并行路段设计技术规范》(计划编号:×××)行业标准的工作计划。

标准性质:推荐性行业标准;

主管部门:交通运输部;

归口单位:综合交通运输标准化技术委员会;

起草单位:×××;

完成时间:××××年。

(二)工作过程

本标准制定过程中,起草组按照以下的思路开展制定工作:首先,查阅并整理国内外公铁并行设计技术涉及的相关法律、标准规范;其次,调研国内外公铁并行、公铁立体共线的典型案例在设计、建设以及运营管过程中遇到的问题,存在的

安全隐患、发生过的安全事故;然后,梳理分析前期调研收集的大量资料,提出公铁并行条件下公路、铁路的设计技术要求,公铁并行条件下交通安全保障方面的技术规定并提交相关专家会议讨论和修正;最后,全面总结梳理总结,编写《公路铁路并行路段设计技术规范》。

工作过程见表8-1。

标准编制工作进展情况表 表8-1

序号	日　　期	工作内容与进展
1	×××	召开标准研究及制定的立项审查会
2	×××	工作大纲通过评审
3	×××	收集资料、典型项目调研,相关成果梳理总结
4	×××	召开专家咨询会,征求综标委员会相关专家意见
5	×××	走访调研国家铁路局等相关单位
6	×××	梳理总结,完成《初稿》
7	×××	内部专家审查,完成《征求意见稿Ⅰ》
8	×××	召开标准复审会,形成《征求意见稿Ⅱ》
9	×××	全国征求意见汇总,形成《送审稿》
10	×××	召开标准审查会,形成《报批稿》

1. 第一阶段:开展调研工作

收集国内外关于公铁并行项目的相关资料;会议座谈,征询建议;典型项目调研。如图8-3所示。

图8-3　标准编制现场调研、标准审查会

提出《公路铁路并行路段设计技术规范》的编制思路,形成标准编制大纲。

2. 第二阶段:梳理总结,形成标准初稿

编写组组织公路、铁路各专业开展针对性的研究分析和梳理,并编写相应章节的技术条文,最终形成标准初稿。

本阶段主要对公铁并行的定义、公铁并行分类、公铁并行分级等进行了规定;并提出公铁并行路段的路线、路基、桥梁、交通安全设施等的技术要求。

3. 第三阶段:内部专家审查,形成征求意见稿

编写组将标准初稿分别提交中交一公院、铁一院和交通运输部科学研究院的相关专家,进行内部审查;根据内部审查意见对各章节进行修改和完善,形成征求意见稿。

本阶段主要对公铁并行分级的规定进行了修改(按铁路等级划分为高速公路、Ⅰ级铁路、Ⅱ级铁路、Ⅲ级铁路、Ⅳ级铁路改为高速铁路、城际铁路、客货共线铁路、重载铁路);对各级的公铁并行间距值进行了规定,增加了公铁隧道并行的技术要求。

4. 第四阶段:标准复审,完善征求意见稿

编写组将征求意见稿在网上发布,征求综合交通运输标准化技术委员会各委员的意见;组织召开综合交通运输领域标准复审会,并形成复审意见。根据意见对各章节进行修改和完善。

本阶段主要对标准格式进行修改,按照中期专家会以及科技司的意见,将原标准的条文说明放到标准的条款中,并按照 GB/T 1.1—2009 规则编写。

5. 第五阶段:征求意见,形成送审稿

由交通运输部办公厅对包括《公路铁路并行路段设计技术规范》等 8 项交通运输行业标准统一进行征求意见。征求意见回函单位数共计 36 个(各省交通厅回函单位数 17 个,其他回函单位数 19 个),其中回函并有建议或意见的单位数 10 个;共收到征求意见稿的回函意见 93 条,其中编写组采纳意见 78 条,部分采纳意见 8 条,未采纳意见 7 条。

编写组分析研究征求意见稿的回函意见,采纳合理意见,对标准征求意见稿及其编制说明进行修改,最终形成《公路铁路并行路段设计技术规范》送审稿。

本阶段主要增加了并行路段的铁路安全防护设施;补充了特殊公铁并行的技

术要求;对公铁并行分级增加了设计速度的规定。

6. 第六阶段:召开标准审查会,形成报批稿

召开标准审查会,对送审稿进行评审,形成评审意见;根据审查意见和会议纪要,对送审稿进行修改和完善,最终形成报批稿。

(三)标准制定原则与依据

1. 制定原则

本标准制定原则是:以公路铁路协同发展为目标,理顺公路、铁路在设计、建设、管理的关系,以建立适应我国经济发展的综合交通运输体系为目标,认真总结既有公路、铁路标准规范执行中的经验,调查吸收近年来我国公路铁路科研、设计、施工和管理中先进的科研成果和成功的工程经验,梳理借鉴国外先进的标准和技术,继承与创新相结合,科研与实践相结合,国内与国外调研相结合,建立与我国公路铁路建设事业发展相适应的综合标准体系,满足公路铁路设计、建设和管理的需要。

2. 制定依据

在制定标准过程中,本标准起草组严格遵循以下标准化法律、法规、规范的规定。本标准起草的主要依据有:

《中华人民共和国标准化法》《中华人民共和国标准化法实施条例》《国家标准管理办法》等法律、法规。

《标准化工作导则 第1部分:标准的结构和编写》(GB/T 1.1—2009)。

(四)标准范围及主要内容说明

本章标准制定案例重点介绍标准内容制定的依据,标准正文内容详见《公路铁路并行路段设计技术规范》(JT/T 1116—2017)。

1. 标准范围

本规范适用于公路与铁路两线并行、共线路段的公路、铁路建设工程规范、设计。

本规范适用的公路等级包括高速公路、一级公路、二级公路、三级公路以及四级公路。

本规范适用的铁路等级包括高速铁路、城际铁路、客货共线铁路、重载铁路。

本规范是对国家现行公路和铁路行业标准的统一和补充。

2. 标准的主要内容说明

1) 术语及定义

(1) 公铁并行。

公路与铁路平行相邻时,其公路建筑控制区范围与铁路线路安全保护区范围相互重叠路段,即公铁并行。

(2) 公铁并行间距。

公路与铁路并行时,相邻的公路路肩边缘(桥梁边线)与铁路路肩边缘(桥梁边线)之间的横向距离。

(3) 对公路、铁路相关标准体系中已有的术语直接加以引用,如:

高速铁路、城际铁路、客货共线铁路、重载铁路;

高速铁路、一级公路、二级公路、三级公路、四级公路等。

2) 一般规定

(1) 按照不同形式的公路与铁路并行进行分类,可分为:公铁路基并行、公铁桥梁并行、公铁路基与桥梁并行。

(2) 按照不同等级的公路与铁路并行,将公铁并行分为 5 个等级。见表 8-2。

公铁并行路段分级 表 8-2

类　　型	高速铁路 或者设计速度等于 200km/h 的城际铁路	设计速度小于 200km/h 的 城际铁路或者Ⅰ级、 Ⅱ级客货共线铁路	重载铁路 或者Ⅲ级、Ⅳ级铁路
高速公路或者设计速度等 于 100km/h 的一级公路	Ⅰ级	Ⅱ级	Ⅲ级
设计速度小于 100km/h 的 一级公路或者二级公路	Ⅱ级	Ⅲ级	Ⅳ级
三级公路或者四级公路	Ⅲ级	Ⅳ级	Ⅴ级

(3) 对各级公铁并行的间距进行规定。

3) 总体路线

(1) 提出公铁并行路段总体设计要点。

(2) 提出陡坡段公铁并行时,公路与铁路的选线原则。

(3) 提出对公铁并行段进行运行速度协调性检验。

(4）提出公铁并行路段的公路与铁路的平、纵面线形设计要求。

4）路基及排水

(1）一般规定。

(2）明确公铁路基并行时，路基设计的技术要求。

(3）明确公铁路基与桥梁并行时，路基设计的技术要求。

(4）明确陡坡段公铁并行时，路基设计的技术要求。

(5）提出共用排水设施的技术要求。

5）桥梁涵洞

(1）一般规定。

(2）明确公铁桥梁并行时，桥梁设计的技术要求。

(3）明确公铁路基与桥梁并行时，桥梁设计的技术要求。

(4）明确公铁并行时，涵洞设计的技术要求。

6）安全防护设施

(1）明确公路的护栏形式及防撞等级的设计技术要求。

(2）明确公路交通标志标线的设计技术要求。

(3）提出公路隔离栅、防护网、防眩设施、声屏障设施等的设计技术要求。

(4）提出铁路桥墩、台防撞设施的设计技术要求。

(5）提出铁路安全防护设施的设计技术要求。

7）特殊公铁并行

(1）明确特殊公铁并行分类：公铁隧道并行、公铁隧道与路堑并行、公铁隧道与桥梁并行。

(2）提出特殊公铁并行最小净距小于$5B$（B为公路隧道或铁路隧道的最大开挖断面的宽度）时，应进行安全风险评估。

(3）提出特殊公铁并行最小净距小于$5B$时，应进行相关监测及控制爆破振速等要求。

8）一般建设规定

(1）对公路与铁路的安全保护区以及用地界重叠时的相关规定。

(2）对走廊带相对唯一路段，相关规划规定。

(3）后建项目对既有项目的工程有影响时，相关的建设规定。

(4）后建项目的施工管理规定。

(5)公铁并行段共用设施的设置原则及建设要求。

三、综合交通运输标准实施成效

(一)综合交通运输标准体系及相关标准的宣贯培训

2017—2019年,全国综标委联合交通运输部管理干部学院分别于2017年9月、2018年9月、10月和2019年9月开展了四次全国性的综合交通运输标准体系、综合客运枢纽标准、多式联运标准和旅客联运相关标准宣贯培训,各省区市地方交通运输行业管理部门、运输企业、科研设计院和大专院校等单位的500余人次参加了标准宣贯培训,见图8-4。

图8-4 综合客运枢纽、多式联运等标准宣贯培训会

《综合交通运输标准体系》的宣贯培训针对综合交通运输的前期研究过程、理论体系、构建过程及标准体系总体架构和明细表进行了系统的讲解和培训。综合客运枢纽标准宣贯培训针对《综合客运枢纽术语》《综合客运枢纽通用要求》《综合客运枢纽换乘区域设施设备配置要求》《综合客运枢纽分类分级》《综合客运枢纽服务规范》《综合客运枢纽公共区域总体设计要求》6项标准进行了解读和培训。多式联运标准宣贯培训针对《多式联运运载单元标识》《多式联运交换箱标识》《货物多式联运术语》《多式联运货物分类与代码》《综合货运枢纽分类与基本要求》《商品车多式联运滚装操作规程》《邮件民航运输交接操作要求》《快件民航运输交接操作要求》8项标准进行了解读和培训。旅客联运标准宣贯培训针对《旅客联运术语》《旅客联运服务质量要求 第1部分:空铁旅客联运》《旅客联运

服务质量要求　第 2 部分:公路航空旅客联运》等标准进行了解读和培训。

标准宣贯采取集中宣贯和专题宣贯相结合的方式进行,邀请标准主要起草单位专家对标准及释义进行解读,同时邀请行业内知名专家学者、行业龙头企业管理人员及科研院校相关专家就标准应用及运营管理经验进行研讨交流,进一步扩大了综合交通运输标准化工作的行业影响力。

2017 年 7 月 8—9 日,中国交通运输协会还组织了综合交通运输建设类标准《公路铁路并行路段设计技术规范》的宣贯培训会,与会单位有各省公路设计院、建设单位等,参加人次约 50 人。会上标准起草人对首次制定的综合交通运输建设类标准相关条款进行了详细解读,同时解答了参会人员的相关问题,通过标准宣贯会,解答了长期以来困扰管理和技术人员的公路与铁路复合通道工程的技术难题和执行标准的问题,使得将来相关问题的解决有标准可依、有政策可执行,推动了综合交通运输体系的建设完善。

(二)标准实施成效分析

自 2015 年以来,本科研成果支撑交通运输部办公厅正式发布"综合交通运输标准体系(2015 年)",标准体系经过 4 年多的运行发展、不断完善,在综合客货运枢纽、复合通道设施、旅客联程运输、货物多式联运、运载单元、专用载运工具、快速转运设备、换乘换装设备以及统计、评价、安全应急与信息化等子系统开展了标准的研究和制定,有效地促进了各种运输方式协调衔接和融合发展,为我国综合交通运输体系建设提供了有力支撑。截至目前,共组织发布了《综合客运枢纽通用要求》《旅客联程运输服务质量要求》《国内集装箱多式联运运单》《综合客运枢纽导向系统布设规范》《公路铁路并行路段设计技术规范》《公路与铁路两用桥梁通用技术要求》等 30 余项交通行业标准,涵盖综合客运枢纽、旅客联运、综合货运枢纽、货物多式联运、复合通道设施等专业领域,充分发挥了标准规范对经济发展的基础支撑作用。

为促进交通运输供给侧结构性改革,实现交通运输的节能减排、降本增效是国际上的发展趋势。由于我国的多式联运还处于发展的初级阶段,多式联运比重总体偏小,多式联运优势远未得到充分发挥,与国民经济发展特别是服务国家重大战略的要求相比还有较大差距。《国内集装箱多式联运运单》《国内集装箱多式联运电子运单》等两项标准的研制,是以集装箱多式联运"一单制"为突破口,规定了国内集装箱多式联运运单的组成、运单的格式、使用，以及数据交换内容和格式，破解了多式联运领域各种运输方式长期以来运单标准不统一、信息难以互联互通的难题，推动了集装箱铁水联运、公铁联运两个关键领域在"一单制"联运服务上实现率先突破，助推了交通运输部和国家发展改革委联合开展的"多式联运示范工程"工作的高质量开展。《驮背运输道路运输车辆技术要求》是支撑驮背运输发展的一项重要装备标准，通过规范适用于驮背运输的道路运输车辆的基本要求、尺寸要求、配置要求、栓固装置要求、强度要求等，解决道路运输车辆与铁路驮背运输车的匹配性与适应性问题，提高驮背运输运行过程中的安全性，充分发挥驮背运输安全高效、节能环保和低成本等综合优势，促进公铁联运发展。

党的十八大以来，交通基础设施建设取得显著成就，高速铁路、高速公路、深海隧道、跨海大桥等专业领域，建成了一批标志性的世纪工程。但综合交通基础设施的建设还远远不能满足需求，具有综合交通运输功能的通道和枢纽发展滞后。《综合客运枢纽导向系统布设规范》通过规范综合客运枢纽导向系统的基本要求、进站导向系统、出站导向系统和换乘导向系统的设计与设置要求，解决了现有相关导向系统标准存在连续性、普遍性和适用性差等缺陷与不足，为综合客运枢纽导向系统的规划、设计、建设、运营与管理提供参考依据。《公路与铁路两用桥梁通用技术要求》通过规定公路与铁路两用桥梁设计的基本要求、总体设计要求、作用及刚度要求等，填补了国内关于公铁两用桥梁建设规划设计规范的空白，为新建和改建公路与铁路两用桥梁的设计提供了参考依据，促进了公铁合建桥梁合理规范建设，提高了综合运输通道线位资源利用效率。

附件1 交通运输部关于发布《综合交通运输标准体系（2015年）》的通知

交通运输部办公厅文件

交办科技〔2015〕80号

交通运输部办公厅关于发布
《综合交通运输标准体系（2015年）》的通知

各省、自治区、直辖市、新疆生产建设兵团交通运输厅（局、委），有关交通运输企业，部管各社团，部属各单位，部管国家局综合司（办公室），部内各司局、驻部监察局：

为加强综合交通运输标准化工作，促进不同运输方式之间的有效衔接与协同发展，提高综合交通运输一体化服务水平，促进综合交通运输体系建设，在广泛征求意见的基础上，研究制定了《综合交通运输标准体系（2015年）》（以下简称《标准体系》），经交通运输部同意，现予以发布，用以指导综合交通运输标准化工作。

《标准体系》确定了综合交通运输标准体系框架，形成了综合交通运输领域基础标准、运输服务标准、工程设施标准、安全应急标准、信息化标准、统计评价标准、运输装备和产品标准七个层次的标准体系,明确了今后一个时期综合交通运输标准制修订工作的任务和目标。各单位要高度重视并积极参与综合交通运输标准的制修订和实施工作,《标准体系》实施过程中有何意见和建议,请及时反馈交通运输部科技司。

交通运输部办公厅

2015年5月22日

(此件公开发布)

附件2 综合交通运输标准明细表(2018版)

一、综合交通运输标准体系结构图

(一)标准体系结构图

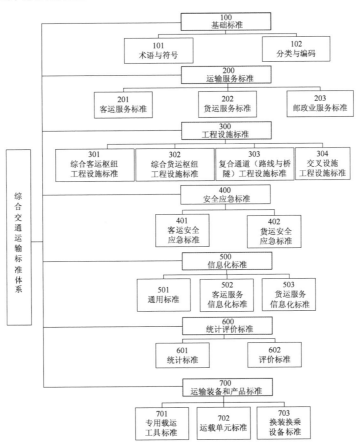

(二)标准类别及说明

序号	标准类别	标准内容说明
1	100 基础标准	在本专业领域具有广泛适用范围或一个特定领域的通用条款的标准。 基础标准在一定范围内可以直接应用,也可以作为其他标准的依据和基础,具有普遍的指导意义。基础标准主要包括:术语、符号、代号、代码、制图规则等
2	200 运输服务标准	规定服务应满足的要求以确保其适用性的标准,服务和管理类有关标准都可以划入这一类别。 用于两种或两种以上运输方式组合运输(旅客联运和货物多式联运,包含邮政业)共同遵守的服务标准
3	300 工程设施标准	设施标准是对综合交通运输相关设施规定共同的和重复使用的规则、导则或特性的文件。包括勘察、设计、施工安装、验收、使用、维护及管理等多个环节的标准规范。 用于两种或两种以上运输方式组合衔接设施(综合客货运枢纽、交叉设施和复合通道等)的标准
4	400 安全应急标准	安全应急标准是针对综合客货枢纽运营管理、旅客联运、货物多式联运过程中安全应急相关标准
5	500 信息化标准	信息化标准是开展综合交通运输运营服务等相关的信息化标准
6	600 统计评价标准	综合交通运输体系建设相关统计、评价、监督考核等标准
7	700 运输装备和产品标准	规定产品应满足的要求,包括产品的技术要求和试验方法等,以确保其适用性的标准。对设施设备等提出的技术要求和试验方法等的标准应包含在本类别中。 用于两种或两种以上运输方式客货运输中的载运工具、运载单元、换乘换装设备等产品标准

附件2 综合交通运输标准明细表(2018版)

二、综合交通运输标准明细表

(一)100 基础标准

101 术语与符号

序号	标准体系表编号	标准名称	宜定级别	实施日期	国际国外标准号及采用关系	被代替标准号或作废	备注
1	101.1	综合客运枢纽术语	GB/T				
2	101.2	旅客联运术语	GB/T				标准号:JT/T 1065—2016
3	101.3	货物多式联运术语	GB/T				标准号:JT/T 1109—2017
4	101.4	综合货运枢纽术语	GB/T				标准号:JT/T 1092—2016

102 分类与编码

序号	标准体系表编号	标准名称	宜定级别	实施日期	国际国外标准号及采用关系	被代替标准号或作废	备注
5	102.1	多式联运货物分类与代码	GB/T				标准号:JT/T 1110—2017
6	102.2	综合货运枢纽分类与基本要求	GB/T				标准号:JT/T 1111—2017
7	102.3	综合客运枢纽分类分级	GB/T				标准号:JT/T 1112—2017

(二)200 运输服务标准

201 客运服务标准

序号	标准体系表编号	标准名称	宜定级别	实施日期	国际国外标准号及采用关系	被代替标准号或作废	备注
8	201.1	旅客联运服务质量要求 第1部分:空铁旅客联运	GB/T				标准号:JT/T 1114.1—2017

续上表

序号	标准体系表编号	标准号	标准名称	宜定级别	实施日期	国际国外标准号及采用关系	被代替标准号或作废	备注
9	201.2		旅客联运服务质量要求 第2部分：公路航空旅客联运	GB/T				标准号:JT/T 1114.2—2018
10	201.3		综合客运枢纽服务规范	GB/T				标准号:JT/T 1113—2017
11	201.4		旅客联运客运票样	GB/T				
12	201.5		旅客联运行李票样	GB/T				
13	201.6		旅客联运行李运服务规范	GB/T				
14	201.7		基于移动终端的综合客运枢纽旅客导向信息服务要求	GB/T				
15	201.8		综合客运枢纽协同运营技术指南	GB/T				

202 货运服务标准

序号	标准体系表编号	标准号	标准名称	宜定级别	实施日期	国际国外标准号及采用关系	被代替标准号或作废	备注
16	202.1		商品车多式联运滚装操作规程	GB/T				标准号:JT/T 1194—2018
17	202.2		国内集装箱多式联运单	GB/T				标准号:JT/T 1244—2019
18	202.3		国内集装箱多式联运电子运单	GB/T				标准号:JT/T 1245—2019
19	202.4		驮背运输 装载栓固技术要求	GB/T				标准号:JT/T 1271—2019
20	202.5		空陆联运集装货物转运操作规范	GB/T				计划号:JT 2017-37
21	202.6		多式联运冷藏集装箱运输技术要求	GB/T				计划号:JT 2017-38

续上表

序号	标准体系表编号	标准名称	宜定级别	实施日期	国际国外标准号及采用关系	被代替标准号或作废	备注
22	202.7	商品车多式联运交接单	GB/T				计划号:JT 2017-41
23	202.8	乘用车集装箱运输技术要求	GB/T				计划号:JT 2017-42
24	202.9	冷链货物空陆联运通用要求	GB/T				计划号:JT 2018-2
25	202.10	多功能托盘多式联运作业规范	GB/T				
26	202.11	多式联运经营人服务规范	GB/T				
27	202.12	多式联运服务质量评价准则	GB/T				
28	202.13	综合货运枢纽服务 功能和服务规范	GB/T				
29	202.14	通用集装箱陆空转运技术规范	GB/T				
30	202.15	铁路双层集装箱车运营技术要求	GB/T				
31	202.16	半挂车滚装作业操作规程	GB/T				
32	202.17	集装箱铁水联运装载基本要求	GB/T				
33	202.18	公铁联运站场远程操控集装箱装卸作业规程	GB/T				
34	202.19	驮背运输装卸作业操作规程	GB/T				
35	202.20	公铁两用车运编装装卸作业操作规程	GB/T				

203 邮政业服务标准

序号	标准体系表编号	标准号	标准名称	宣定级别	实施日期	国际国外标准号及采用关系	被代替标准号或作废	备注
36	203.1		邮件民航运输交接操作要求	GB/T				标准号:JT/T 1196—2018
37	203.2		快件民航运输交接操作要求	GB/T				标准号:JT/T 1197—2018
38	203.3		邮件铁路运输交接操作要求	GB/T				
39	203.4		快件铁路运输交接操作要求	GB/T				

（三）300 工程设施标准

301 综合客运枢纽工程设施标准

序号	标准体系表编号	标准号	标准名称	宣定级别	实施日期	国际国外标准号及采用关系	被代替标准号或作废	备注
40	301.1		综合客运枢纽分类分级	GB/T				标准号:JT/T 1112—2017
41	301.2		综合客运枢纽通用要求	GB/T				标准号:JT/T 1067—2016
42	301.3		综合客运枢纽公共区域总体设计要求	GB/T				标准号:JT/T 1115—2017
43	301.4		综合客运枢纽换乘区域设施设备配置要求	GB/T				标准号:JT/T 1066—2016
44	301.5		综合客运枢纽导向系统布设规范	GB/T				标准号:JT/T 1247—2019

302 综合货运枢纽工程设施标准

序号	标准体系表编号	标准号	标准名称	宜定级别	实施日期	国际国外标准号及采用关系	被代替标准号或作废	备注
45	302.1		综合货运枢纽分类与基本要求	GB/T				标准号:JT/T 1111—2017
46	302.2		公铁联运货运枢纽功能区布设规范	GB/T				计划号:JT 2018-6
47	302.3		空陆联运功能区设施设备配置要求	GB/T				
48	302.4		海铁联运场站布置规范	GB/T				
49	302.5		多式联运集装箱场地箱位无源RFID安装标准	GB/T				
50	302.6		驮背运输作业站场建设要求	GB/T				
51	302.7		公铁两用车运输场站建设要求	GB/T				

303 复合通道（路线与桥隧）工程设施标准

序号	标准体系表编号	标准号	标准名称	宜定级别	实施日期	国际国外标准号及采用关系	被代替标准号或作废	备注
52	303.1		公路铁路并行路段设计技术规范	GB/T				标准号:JT/T 1116—2017
53	303.2		公路与铁路两用桥梁通用技术要求	GB/T				计划号:JT/T 1246—2019
54	303.3		公路铁路两用隧道通用技术规范	GB/T				
55	303.4		公路铁路复合通道规划导则	GB/T				
56	303.5		公路铁路两用桥梁和两用隧道工与验收技术规程	GB/T				
57	303.6		公路与铁路两用桥梁BIM技术规范	GB/T				

304 交叉设施工程设施标准

序号	标准体系表编号	标准名称	宜定级别	实施日期	国际国外标准号及采用关系	被代替标准号或作废	备注
58	304.1	公路铁路交叉路段技术要求	GB/T				计划号:JT 2017-43
59	304.2	公路铁路立交桥通用技术规范	GB/T				
60	304.3	公路铁路复合通道安全技术评价标准	GB/T				
61	304.4	公路与油气管线交叉技术规范	GB/T				

（四）400 安全应急标准

401 客运安全应急标准

序号	标准体系表编号	标准名称	宜定级别	实施日期	国际国外标准号及采用关系	被代替标准号或作废	备注
62	401.1	综合客运枢纽运营安全评价规范	GB				
63	401.2	综合客运枢纽旅客滞留突发事件应急预案编制导则	GB				

402 货运安全应急标准

序号	标准体系表编号	标准名称	宜定级别	实施日期	国际国外标准号及采用关系	被代替标准号或作废	备注
64	402.1	多式联运集装箱换装作业安全生产技术要求	GB				
65	402.2	载货汽车滚装作业安全操作规程	GB				

(五)500 信息化标准

501 通用标准

序号	标准体系表编号	标准号	标准名称	宜定级别	实施日期	国际国外标准号及采用关系	被代替标准号或作废	备注
66	501.1		综合交通运输信息互联互通技术规范	GB/T				

502 客运服务信息化标准

序号	标准体系表编号	标准号	标准名称	宜定级别	实施日期	国际国外标准号及采用关系	被代替标准号或作废	备注
67	502.1		综合交通运行监测客运信息数据交换	GB/T				计划号:JT 2017-39
68	502.2		综合交通电子客票信息系统互联互通技术规范	GB/T				计划号:JT 2017-34
69	502.3		综合客运枢纽信息共享技术要求	GB/T				
70	502.4		旅客联运客票条码格式和技术要求	GB/T				

503 货运服务信息化标准

序号	标准体系表编号	标准号	标准名称	宜定级别	实施日期	国际国外标准号及采用关系	被代替标准号或作废	备注
71	503.1		海铁联运列车电子磅单	GB/T				计划号:JT 2018-3
72	503.2		海铁联运列车运行追踪接口	GB/T				计划号:JT 2018-4

续上表

序号	标准体系表编号	标准号	标准名称	宜定级别	实施日期	国际国外标准号及采用关系	被代替标准号或作废	备注
73	503.3		海铁联运需求车提报报文	GB/T				计划号:JT 2018-5
74	503.4		多式联运信息数据格式	GB/T				
75	503.5		多式联运信息数据交换规范	GB/T				
76	503.6		托盘运载单元信息采集与管理	GB/T				
77	503.7		铁水联运作业电子报文	GB/T				

(六)600 统计评价标准

601 统计标准

序号	标准体系表编号	标准号	标准名称	宜定级别	实施日期	国际国外标准号及采用关系	被代替标准号或作废	备注
78	601.1		货物多式联运代码及运量统计指标	GB/T				
79	601.2		旅客联运运量计算方法	GB/T				

602 评价标准

序号	标准体系表编号	标准号	标准名称	宜定级别	实施日期	国际国外标准号及采用关系	被代替标准号或作废	备注
80	602.1		12328交通运输服务监督电话系统 第一部分:业务流程	GB/T				标准号:JT/T 1019.1—2016
81	602.2		12328交通运输服务监督电话系统 第二部分:总体技术要求	GB/T				标准号:JT/T 1019.2—2016
82	602.3		12328交通运输服务监督电话系统 第三部分:数据交换信息共享接口技术要求	GB/T				标准号:JT/T 1019.3—2016

续上表

序号	标准体系表编号	标准号	标准名称	宜定级别	实施日期	国际国外标准号及采用关系	被代替标准号或作废	备注
83	602.4		12328交通运输服务监督电话系统 第四部分:业务分类代码	GB/T				标准号:JT/T 1019.4—2016
84	602.5		12328交通运输服务监督电话系统 第五部分:分类统计指标	GB/T				标准号:JT/T 1019.5—2016
85	602.6		12328交通运输服务监督电话系统 第六部分:知识库数据元	GB/T				标准号:JT/T 1019.6—2016
86	602.7		综合交通运输社会经济效益评价方法	GB/T				
87	602.8		综合交通运输节能减排效益评价方法	GB/T				
88	602.9		综合交通运输一体化指标	GB/T				

（七）700 运输装备和产品标准

701 专用载运工具标准

序号	标准体系表编号	标准号	标准名称	宜定级别	实施日期	国际国外标准号及采用关系	被代替标准号或作废	备注
89	701.1		公铁联运厢式半挂车标识	GB/T				JT/T 1273—2019
90	701.2		驮背运输 铁路运输车辆技术要求	GB/T				
91	701.3		公铁两用车运输 半挂车技术要求	GB/T				
92	701.4		公铁两用车运输 转向架技术要求	GB/T				
93	701.5		空陆联运航空集器器厢式货车技术要求	GB/T				

702 运载单元标准

序号	标准体系表编号	标准号	标准名称	宜定级别	实施日期	国际国外标准号及采用关系	被代替标准号或作废	备注
94	702.1		多式联运运载单元标识	GB/T		EN 13044-1:2011,MOD		标准号:JT/T 1093—2016
95	702.2		多式联运交换箱标识	GB/T		EN 13044-2:2011,MOD		标准号:JT/T 1195—2018
96	702.3		多式联运交换箱技术要求及试验方法	GB/T		EN 1432:1997,MOD		标准号:JT/T 1272—2019
97	702.4		多式联运半挂车标识	GB/T				计划号:JT 2017-35
98	702.5		多式联运多功能钢质托盘技术要求	GB/T				

703 换装换乘设备标准

序号	标准体系表编号	标准号	标准名称	宜定级别	实施日期	国际国外标准号及采用关系	被代替标准号或作废	备注
99	703.1		公铁联运站场轨道式集装箱起重机智能化技术规程	GB/T				
100	703.2		公铁联运站场吊具式集装箱超偏载检测装置技术条件	GB/T				
101	703.3		航空集装器运输车货箱传送辊系统技术规范	GB/T				
102	703.4		空陆联运航空集装器装卸台合技术规范	GB/T				
103	703.5		基于移动终端的综合客运枢纽导乘系统技术要求	GB/T				

三、标准统计表

代码	分　类	已发布项目数（行标）	新增项目数	合　计
100	基础标准	4	3	7
101	术语与符号	3	1	4
102	分类与编码	1	2	3
200	运输服务标准	6	26	32
201	客运服务标准	3	5	8
202	货运服务标准	1	19	20
203	邮政业服务标准	2	2	4
300	工程设施标准	6	16	22
301	综合客运枢纽工程设施标准	4	1	5
302	综合货运枢纽工程设施标准	1	6	7
303	复合通道(路线与桥隧)工程设施标准	1	5	6
304	交叉设施工程设施标准	0	4	4
400	安全应急标准	0	4	4
401	客运安全应急标准	0	2	2
402	货运安全应急标准	0	2	2
500	信息化标准	0	12	12
501	通用标准	0	1	1
502	客运服务信息化标准	0	4	4
503	货运服务信息化标准	0	7	7
600	统计评价标准	6	5	11
601	统计标准	0	2	2
602	评价标准	6	3	9
700	运输装备和产品标准	2	13	15
701	专用载运工具标准	0	5	5
702	运载单元标准	2	3	5
703	换装换乘设备标准	0	5	5
	合计	24	79	103

参 考 文 献

［1］ 中华人民共和国国务院新闻办公室.《中国交通的可持续发展》白皮书［EB/OL］.（2020-12-22）［2021-04-28］. http://www.scio.gov.cn/zfbps/32832/Document/1695297/1695297.htm.

［2］ 澎湃交科发布. 体系渐具规模 内需潜力巨大《中国旅客联程运输发展报告》发布［EB/OL］.（2020-10-30）［2021-04-28］. https://www.thepaper.cn/newsDetail_forward_9792643.

［3］ 宿凤鸣. 综合交通枢纽的典范——希斯罗机场［J］. 中国民用航空,2013(4)25-29.

［4］ 荣朝和. 综合交通运输体系研究——认知与建构［M］. 北京:经济科学出版社,2013.

［5］ 王显光,武平. 面向"中国梦"的综合交通运输体系发展战略［M］. 北京:人民交通出版社股份有限公司,2018.

［6］ 方韧. 日本名古屋市——"荣"综合交通枢纽站的简介和启示［J］. 交通与运输. 2003(4)29-31.

［7］ 刘梦涵,汪忠,高建华. 国内外综合客运枢纽规划设计经验与启示［J］. 交通世界(运输.车辆),2010,4(8):56-61.

［8］ 李红昌,匡旭娟. 综合客运枢纽框架性行业规范和标准体系研究［J］. 铁道经济研究,2013(6):7-14.

［9］ 陈方红. 城市对外交通综合换乘枢纽布局规划与设计理论研究［D］. 成都:西南交通大学,2009.

［10］ 郝合瑞. 道路客运站场布局规划理论与方法研究［D］. 北京:北京交通大学,2010.

［11］ 麦绿波. 标准体系的结构关系研究［J］. 中国标准化,2011(02):40-42.

［12］ 黄江荣,杨帆. 中医药信息标准体系构建策略研究［D］. 北京:中国中医科学院,2010.

［13］ 宣登殿. 综合客运枢纽系统规划方法研究［D］. 西安:长安大学,2011.

［14］ 张兴艳,金旭炜. 基于一体化理念的综合交通枢纽设计［J］. 高速铁路技术,2013,4(02):35-41.

［15］ 李士珍. 联合运输经济概论［M］. 北京:中国铁道出版社,1994.

［16］ 岳高峰,赵祖明. 标准体系理论与务实［M］. 北京:中国计量出版社,2011.

［17］ 孙波,廖晓谦,杨泽世. 服务业标准化［M］. 北京:中国标准出版社,2013.16-20.

［18］ 荣朝和. 关于我国尽快实行综合运输管理体制的思考. 中国软科学［J］. 2005（02）:10-16.

［19］ 韩继国,王明文,王显光,等. 我国综合交通运输标准体系构建研究［J］. 中国科技成果,2018(019):7-10,13.

[20] 王明文.我国多式联运标准体系框架研究[J].中国标准化,2017(03):73-76.

[21] 王明文.我国多式联运标准化现状及发展对策研究[J].综合运输,2017,(06):19-23.

[22] 铁路部标准计量研究所.铁路货物运输品名分类与代码:TB/T 2690-1996[S].北京:中国铁道出版社,1996.

[23] 全国城市轨道交通标准化技术委员会.城市轨道交通客运服务:GB/T 22486—2008[S].北京:中国标准出版社,2009.

[24] 中华人民共和国交通运输部.水路客运服务质量要求:GB/T 16890—2008[S].北京:中国标准出版社,2009.

[25] 国家铁路局.铁路旅客运输服务质量 第1部分:总则:GB/T 25341.1—2019[S].北京:中国标准出版社,2019.

[26] 国家铁路局.铁路旅客运输服务质量 第2部分:服务过程:GB/T 25341.2—2019[S].北京:中国标准出版社,2019.

[27] 全国综合运输标准化技术委员会.综合客运枢纽换乘区域设施设备配置要求:JT/T 1066—2016[S].北京:人民交通出版社股份有限公司,2016.

[28] 全国综合运输标准化技术委员会.综合客运枢纽通用要求:JT/T 1067—2016[S].北京:人民交通出版社股份有限公司,2016.

[29] 全国综合运输标准化技术委员会.公路铁路并行路段设计技术规范:JT/T 1116—2017[S].北京:人民交通出版社股份有限公司,2017.

[30] 全国综合运输标准化技术委员会.综合货运枢纽分类与基本要求:JT/T 1111—2017[S].北京:人民交通出版社股份有限公司,2017.

[31] 全国综合运输标准化技术委员会.旅客联运服务质量要求 第1部分:空铁旅客联运:JT/T 1114.1—2017[S].北京:人民交通出版社股份有限公司,2017.

[32] 全国综合运输标准化技术委员会.商品车多式联运滚装操作规程:JT/T 1194—2018[S].北京:人民交通出版社股份有限公司,2018.

[33] 全国综合运输标准化技术委员会.邮件民航运输交接操作要求:JT/T 1196—2018[S].北京:人民交通出版社股份有限公司,2018.

[34] 全国综合运输标准化技术委员会.旅客联运服务质量要求 第1部分:空铁旅客联运:JT/T 1114.1—2017[S].北京:人民交通出版社股份有限公司,2017.

[35] 全国综合运输标准化技术委员会.国内集装箱多式联运运单:JT/T 1244—2019[S].北京:人民交通出版社股份有限公司,2019.

[36] 全国综合运输标准化技术委员会.公路与铁路两用桥梁通用技术要求:JT/T 1246—2019[S].北京:人民交通出版社股份有限公司,2019.

[37] European Committee for Standardization (CEN)[EB/OL].https://www.cen.eu.

[38] American Association of State Highway and Transportation Officials(AASHTO)[EB/OL]. http://www.transportation.org.

[39] 日本工業標準調査会(JISC)[EB/OL]. http://www.jisc.go.jp.

[40] 王茂奎. 基于城乡统筹发展的客运一体化研究[D]. 成都:西南交通大学,2010.

[41] 汪光焘. 我国城市交通公交优先发展战略研究[R]. 北京,2012.

[42] 中华人民共和国交通运输部. 交通运输部办公厅关于发布《综合交通运输标准体系(2015年)》的通知[EB/OL]. (2015-06-08)[2021-04-28]. https://xxgk.mot.gov.cn/2020/jigou/kjs/202006/t20200623_3316961.html.

[43] 中华人民共和国交通运输部. 中共中央 国务院印发《交通强国建设纲要》[EB/OL]. (2019-09-18)[2021-04-28]. https://xxgk.mot.gov.cn/2020/jigou/zcyjs/202006/t20200623_3307512.html.

[44] Potter S,Skinner M J. On Transport Integration-a Contribution to Better Understanding[J]. Futrues,2000(32):275-287.

[45] AY A D C K,Shepherd S. The Principles of Integration in Urban Transport Strategies[J]. Transport Policy,2006(13):319-327.

[46] Mani A. On the move:The future of multimodal integration[Z]. 2014.

[47] Shah Y,Manaugh K,Badami M,et al. Diagnosing Transportation-Developing Key Performance Indicators to Assess Urban Transportation Systems[J]. Transportation Research Record:Journal of the Transportation Research Board,2013:1-12.

[48] Ingram G K. Smart Growth Policies:An Evaluation of Programs and Outcomes[R]. Cambridge:Lincoln Institude of Land Policy,2009.

[49] Indicators tracking transport and environment integration in the European Union[R]. Copenhagen:European Environment Agency,2001.

[50] Climate for a transport change[R]. Copenhagen:European Environment Agency,2007.

[51] Transport at a crossroads[R]. Copenhagen:European Environment Agency,2008.

[52] Preston J. Integration for Seamless Transport[R]. Southampton:International Transport Forum,2012.

后 记
AFTERWORD

从世界范围来看,综合交通运输的概念可以追溯到19世纪后期,美国在1887年的有关法律中就有相关说明。欧美发达国家在20世纪80—90年代逐步完成了单一运输方式基础设施大规模的建设,之后就开始重新评估交通运输的发展。以1991年《综合地面运输效率法案》(ISTEA,即冰茶法案)的公布实施作为一个时期标志,开始采用一种更为全面、综合的思路开展交通规划,注重公路交通和其他交通方式的协调,突出联运技术和环境保护。我国是在20世纪50年代中期从苏联引入了"综合交通运输"的概念,当时理解的综合运输还带有较为浓厚的计划经济色彩。到了20世纪90年代,随着交通发展理念和实践活动的不断发展进步,我国综合交通运输体系的研究和建设开始进入新阶段,尤其是2008年交通大部门体制改革以来,更加注重考虑综合交通运输的总体目标以及与各种运输方式的衔接,由各自独立发展转向协调整合、一体化发展模式。

综合分析国内外对综合交通运输体系的研究,综合交通运输在概念上有广义和狭义之分。从广义上看,综合交通运输是交通运输系统内各组成部分之间,以及交通运输系统与其外部环境之间形成一体化协调发展的状态;从狭义上看,综合交通运输是指综合集成各种运输方式与系统的功能,一体化高效率完成人与货物空间位移,其中多式联运和一体化运输是综合运输的核心内容。结合我国交通运输发展阶段,本书研究的综合交通运输标准体系是采用狭义上的综合交通运输概念。

为进一步建立完善我国"安全、便捷、高效、绿色、经济"的综合交通运输体系,做到综合交通运输体系建设有章可循、有法可依,落实创新、协调、绿色、开放、共享的新发展理念,建立促进高质量发展的综合交通运输标准体系,不仅可以为建设现代综合交通运输体系和交通强国提供支撑,也是规范和保障综合交通运输体系建设的重要依据。

本书在前期研究成果的基础上,从综合交通运输体系的概念内涵等理论研究入手,全面深入地分析了国内外综合交通运输标准的现状、存在问题和发展趋势,针对我国交通运输发展的实际需求,从基础设施、运输装备、运输服务和支持保障等四个方面研究了综合交通运输标准体系的框架构成,研究拓展了原有标准体系,并对标准案例和实施成效进行了分析说明,以适应新时期我国综合交通运输体系的发展需求。具体的标准分类包括基础设施部分的综合客运枢纽、综合货运枢纽和复合通道及交叉设施;运输服务部分的旅客联程运输、货物多式联运衔接;运输装备部分的运载单元、专用载运工具、快速转运设备、换乘换装设备;以及支持保障部分的统计、评价、安全应急与信息化等领域的国家和行业标准。

本书在编写过程中得到了交通运输部科学研究院院长石宝林、副院长王先进、院发展中心李忠奎主任、院学术委员会副主任孙小年等领导和专家的悉心指导和技术把关,还参考了国内外专家、学者的研究成果和资料,在此一并表示诚挚的感谢!

随着推进交通强国建设的不断深入,适应"十四五"时期交通运输高质量发展的总体目标,我国综合交通运输体系建设技术将不断创新发展,标准体系也需要适时更新,今后还需要进一步研究拓展、丰富完善我国综合交通运输标准体系的内涵和外延。限于时间和研究水平,本书可能存在诸多不足之处,欢迎行业内外的专家、学者和广大读者不吝赐教。

作 者

2021 年 4 月于北京